この本について

本書にてご案内する「インドシナ三国」とは具体的にラオス・カンボジア・ベトナムを指します。その共通点は、インドシナ半島に位置し、少し昔にフランスの植民地政策下に置かれていた国々であったこと。

1887年にはじまり67年後に消えた彼らのコロニアルな生活様式と食文化は、宗主国であったフランスに加え華僑の影響を受け、さらに南国のゆたかな自然に恵まれ成熟しました。

一方、経済活動の急速な画一化により、それらはかつてはたしかにあったけれどいまは消えゆく幻のような存在になりつつあります。

この本や、私たちが東京で構える小さな料理教室を通して、かの美しい世界を少しでもご案内できることを願います。

アンドシノワーズ　園 健・田中あずさ

アンドシノワーズ

「Indochinoise（アンドシノワーズ）」はフランス語の形容詞。いまはもう「インドシナ」という呼称や文化も忘れられつつある一方、かつては確実に存在していた彼らの生活様式と歴史文化を丁寧にひろい上げたいと名付けた。現在は東京都内で1日1組限定の料理教室を開催。
問い合わせ：info@indochinoise.com　WEB：indochinoise.com

園 健 その・けん
写真家、料理家、冒険家。インドシナ半島で旧フランス植民地の生活様式を主題にした撮影に取り組む。現在は主にメコン河流域の食文化の研究を行う。

田中あずさ たなか・あずさ
料理家、コピーライター。旧仏領インドシナの食文化をテーマに、東京都内で1日1組の料理教室を主宰。三国の中でも特に山あいの古典料理の研究を行う。

凡例
○ 目次の料理名の前の数字は料理写真の掲載ページ、（ ）内の数字はレシピの掲載ページです。
○ レシピの分量や時間は一応の目安です。必要に応じて調整してください。
○ 大さじ1は15cc、小さじ1は5ccです。
○ 魚醤は種類によって塩分濃度が異なります。分量は必要に応じて調整してください。
○ 揚げ油はコメ油を使っています。
○ レモングラスは指定がない場合は全体を使います。
○ 中国語の読み（ルビ）は『中国食文化事典』（角川書店）掲載の「中国語発音表」に則っています。
○ p014-015の地図はアンドシノワーズが保存する史料をもとに作成しました。地名はインドシナ三国がフランスの植民地政策下に置かれていた時代のもので、表記は史料に則っています。主要な都市の名称のほかに山脈、高原、河川の要所、港湾などを往時の名称で記載しました。

それは
村の煮炊き所のように。

その不思議なユニット名を初めて聞いたのは2015年の夏だった。

「アンドシノワーズ」。なにやらエスニックな料理を出す男女2人組のユニットで、1日1組限定で客を招いているそうな。その小さなWEB記事を読んで、すぐに予約を入れた。

指定された小さな雑居ビルの薄暗い階段を上り、扉を開けると待っていたのは想像を超えた体験。店内には仏領インドシナと呼ばれるベトナム、カンボジア、ラオスの古い家具や食器、調理器具が所狭しと並ぶ。まるで現地の村の煮炊き所がごとく、小さなナイフやアルミの鍋で調理を進める「アンドシノワーズ」のお二人が迎えてくれた。

そして出てきたのは、まったく見たことも食べたこともない料理たち。「ベトナム料理」「カンボジア料理」「ラオス料理」と区分けできないのもそのはず。これは、「インドシナ料理」なのだ。

料理の説明を聞きながらもワクワクが止まらない。中でも「年に数度、数か月は現地に行きます。行かなくては買えないものがあるので」と出てきたのが、大瓶に入ったどろどろの茶色い液体。小舟に乗って、小さな村へ買いに行く発酵調味料だという。香りを嗅がせてもらうと、脳天を突き抜けるかのような壮絶な香り！ 思わずひっくり返る私を見てニコニコ笑う2人に、「なんなの、この人たち……」と、がぜん興味がわいたのは間違いない。

ひと口食べるごとに新たな体験が訪れる。そして、その背景にある話をもっと聞きたくなる。そう、「アンドシノワーズ」で食べられるのは、2人の愛にまみれたインドシナの食文化そのもの。ぜひ、あなたにも本書でその扉を開けてほしい。

ツレヅレハナコ／フリー編集者

印度支那の食 おもてとうら

園 健

その昔インド亜大陸がユーラシアに衝突し、押し上げられた大地がヒマラヤとチベットになった。砂礫の大地に降った雨は小さな川になり、岩間に咲くブルーポピーの花に見おくられ、南へと流れていく。これがメコン河の長い旅のはじまり。やがて河はシャングリラの渓谷を削り、ほどなく緑あふれるインドシナ半島に辿りつく。

あの一帯が植民地になったのは今から百五十年ほどむかし。フランスが植民地政策の柱に据えたのが生ゴムと米の輸出。カンボジャとヴェトナムのメコン流域で収穫した米はサイゴンに集められ、そこから世界に輸送された。いまでも華人街ショロンには漆喰塗りの米蔵が運河に沿ってならび、往時の生産を黙して示している。フランス行政のもと稲の育成はヴェトナム人がおこない、米の流通は広東や潮州の華僑が担った。このころ地主階級のヴェトナム人は中華やフランスへの羨望から食に東西の洋風をとり入れた。食卓にハイカラが求められ、造形と色彩を愛しむヴェトナム料理が生まれた。感覚が「先祖伝来」から「当世風」にシフトしたため、一般の食事も塩蔵や乾物にたよった糧食からニューウェーブに変わった。ココナツに小さな穴をあけて内側の甘い果肉でカタツムリを一匹ずつ育てるエスカルゴ風。ほほえましい道楽だ。鮮やかな花鍋（ラウホア）は会食の概念がなければうまれなかったろう。ランビアン山麓の鹿ステーキが看板料理になると前輪駆動のシトロエンを駆り避暑に出かける。こうしてヴェトナム料理は腹を満たす食からコミュニケーションフードに変わった。かたやラオスとカンボジャの料理は二十一世紀のいまでも古典の凝集力をもつ。熱帯の夜があける曙のころ、彼らのくらしは炭ではなく薪をくべることで始まる。オープンエアの台所にしゃがみ、薪のおっとりした火でおかずをつくる。だから日本のガスコンロでインドシナの料理をつくるときは中火で加熱すると具合がいい。

「ご飯を食べる」はクメール語で「ニャムバーイ」、ラオ人は「キンカーオ」と言う。ベトナムでは「アンコム」。どれも炊いた飯を食べるという意味をもつ。ご飯がインドシナの食の芯になっていることを示している。この本で紹介するレシピはご飯と食べる「おかず料理」が多い。雨季に増水したメコンの水を満たすトンレサープ湖の魚食文化と、田舎の「つまみ料理」もむかしの名残をつたえているので掲載した。思いつくままに記したが、物しりぶった「インドシナの食文化とは云々」はあのすてきな世界ににあわない。だからこの本では僕たちが見てきた料理そのままを紹介する。実際のインドシナは傀儡（かいらい）、共産、ヴェトナム戦争、ポルポト、続く経済破綻など負の遺産が続いたが、結果としてグローバル経済の浸透がおくれたため、むかしの食文化がのこった。仏領インドシナに想いを馳せて台所に立つのは楽しいと思う。古式一徹の料理を見せてくれた南国の人たち、山や河に謝意を伝えたい。

インドシナらしさについて

田中あずさ

「人の生き方は体に出る」と言うけれど、インドシナ三国、特に田舎で農業や漁業を営む人たちの体つきの美しさに、私は恐らく一等早くから注目してきたつもりだ。

　まず、クメール人の男性。クメール人はもともと肌の色が褐色に近く、骨細と言われるアジア系の血筋の中ではめずらしく筋肉質、つまり細マッチョだ。ここに子ども時代からの農作業や漁という後天的なトレーニングが加わると、マシントレーニングでは作ることができないしなやかな筋肉質の若者が出来上がる。彼らは三食、洗面器大の特盛ごはんに塩気の強い淡水魚の素揚げや煮付けを少しのせて食べているので、実は筋肉を作るのにたんぱく質はそんなに必要ないのだろう。さらに南方系モンゴロイドならではの二重眼とクセ毛が手伝い、艶々のクメール美男子が完成する。私がお金持ちになったら、カンボジアの田舎から珠玉の少年を10人ほど連れてきてアイドルグループを結成しようと思っている。

次にラオスの女性。その美しさは脚にある。遺伝的に骨盤が大きく、安産型の丈夫な下半身を持つ彼女たち。お尻がピンと上に張り、それと対比してウエストが細く強調されるから、民族衣装もタイトな巻きスカートに、ウエストをきゅっと絞ったデザインのブラウスだ。また国土の約80%が山岳という土地柄、田舎はほとんど坂である上に子どものうちから素足で農作業をするものだから、大腿から足裏まできっちり鍛えられる。30代ともなると素足で切り株をふみつけて田おこしができるようにな

るし、囲炉裏の熱い灰を踏みならし、機織り機を踏む。年をとるごとにたくましくなる脚は、彼らの生活力の高さを象徴していると言っていい。

旧仏領インドシナ三国の古典料理は、まずかつてフランスの植民地下であったことと多くの華僑を抱えたことに紐づく「歴史文化の影響」と、おおらかな気候と豊かな南国の食材に恵まれた「自然環境の影響」が、それぞれ同じくらいに混ざりあった背景を持つ。私たちがそこで料理を学ぶのは、主に50〜60代（古典料理の原形を知っている人）の男女と、その子どもたち（だいたい20代後半〜30代。親のごはんを食べていた人）からだが、最近は孫が生まれたという話を聞くようになった。孫たち世代は21世紀の急速なグローバライゼーションにより、食生活が見事に近代・画一化されたインドシナを生きるので、きっと洗面器の特盛ごはんではなく、いわゆるファストフードを食べて育つ。したがって彼らの両親や祖父母が作り食べていた料理が、すぐ近い未来にかの地から消えることは間違いない。

今回ここに収めた46の料理レシピは、三国がフランス領インドシナに組み込まれるより昔からの品と、コロニアル時代に生まれたものだけを選んだ。今は消えゆく外国の料理を書物に残すのが、日本人の私たちであることに未だに少しの違和感がなくはないけれど、本当に跡形もなくなる前にこうして記す機会があってよかったとも思うし、これからもその美しさを留め、紹介していきたい。

地理で見る
旧フランス領
インドシナの
食文化

19世紀の後半から70年続いたフランスの植民地政策がインドシナ三国の食文化に与えた最大の影響は、灌漑農業による「米の増産と輸出」。米の流通で貨幣経済が進んだ街はその食生活をドラスティックに近代化させた。一方田舎の農村や漁村では昔どおりの家庭食がそのまま残り、都市部とプロヴァンスの色の輪郭は異なるものとなった。

インドシナの食文化の本質は「山や高原と植生群」や「淡水域の生物相」など身近な天然資源を観察し、それらを必要なぶんだけ消費する古典的な食事の実践だと考える。「地理」でインドシナの食を捉えると、山河、海、平野の持ち味が見えてくるだろう。

B

山
p.024~049

インドシナ半島の中部から北部にかけては、いくつかの山脈と高原が重なり、標高1000mの高地となっている。山々は自然の国境となり、ラオスとベトナムを分けた。かつてはルアンプラバン王国などラオスの主権国家がフランスの保護国となり、ゴムとコーヒーの栽培が導入されたが、生産性は低く、宗主国の影響を受けずにラオス古来の生活習慣が残った。たとえばラオスは国土の8割が山岳だが、その土地の利はインドシナ北部の独特な食文化を育んでいる。

湖沼・川
p.052~065

北のビルマ、タイの国境付近から流れ込みインドシナを縦断するメコン河は、インドシナ独特の淡水魚食文化を育んだ。雨季に溢れた水はカンボジアのトンレサープ湖に流れ込み、よい漁場をつくる。そこには400種ほどの生物がいる中、食用にされるのはコイ科とスズキ目の淡水魚が主だ。ベトナム人は淡水を「甘い水」と呼ぶが、とくにトンレサープ湖の魚は味がよい。太古に陸に封じられ残った海の魚も多く、淡水フグやシジミ、川エビ、水蛇も食材になる。

海
p.068~075

インドシナ半島の東には南シナ海が広がる。南部のメコンデルタに近い沿岸は河流に運ばれた褐色の土が漂い、海辺も茶色に染まる。この一帯は有機物が豊富なのでカニ漁が栄えたし、ハマグリや小型の赤貝も市場の常連だ。中部ベトナム一帯は外海に面しているのでカツオやマグロが生息する。シャム湾に面する南部カンボジアも近海魚種が多い。海辺の街の一大産業はもっぱら魚醤製造で、ベトナムのファンティエットやカンボジアのカンポットの街に活気を与えた。

平野部
p.078~121

インドシナ半島の平野は北部の紅河、南部のメコンなど大河の流域と河口部に集中し、その食の特徴は外国文化の影響によるところが大きい。メコンデルタは早くから植民地政策による灌漑農業が進んだことからフランス食文化の影響を受けたし、米の流通を担った華僑も多く暮らす。休耕田の落ち穂では鶏や牛が飼育され、かの地の食を彩った。古来の食と外国文化、そして南国ならではの豊富な食材のミックスアップは、いかにもインドシナらしい食の背景だ。

CHINE

Yunnan

Kouang-Si

Lao-Kay

Dien-bien-phu

Rivière Noire

Fleuve Rouge

Haïphong

Hanoï

Baie d'Along

TONKIN

Luang-Prabang

Golfe du Tonkin

Haï-Nan

LAOS

Plaine des Jarres

VIETNAM

Vientiane

Mékong

Porte d'Annam

THAÏLANDE

Savannakhet

Hué

Rapides de Kemmarat

Tourane

Cordillère Annamitique

Paksé

Plateau des Boloven

Mts Dang Rek

Plateau des Jaraï

Plateau du Kontum

Bangkok

Angkor

Siem-Reap

Binh-Dinh

Sisophon

CAMBODGE

Tonlé-Sap

Mékong

Plateau de Lang Bian

Mts des Cardamomes

Pnom Penh

Dalat

Monts de l'Eléphant

COCHINCHINE

Bie de Cam-Ranh

Golfe du Siam

Kampot

Saïgon

Phan-Thiet

Cholon

Mer de Chine méridionale

Phu-Quoc

C. St Jacques

Plaine des Oiseaux

Bches du Mékong

Presqu'île de Camau

Pte de Camau

MALAISIE

Carte réduite

アンドシノワーズの
食材・調味料 一覧

本書で使っている食材の中で、日本でなじみの少ないものを解説する。昨今はアジア食材店の流通も安定し、通信販売を含めほぼすべて日本で入手できる。また、インドシナ三国の料理にさほど多くの調味料は必要なく、主要は「塩」、「砂糖」(p.017 COLUMN ①)、「唐辛子」(p.018 COLUMN ②)、「魚醤類」(p.019 COLUMN ③)、「プラホック」(p.021 COLUMN ④) の 5 つ。揃えてみるとよい。

◎01	
アカシア ◀	①
チャオム ◀	②

① 本書に掲載した食材名
② 流通時に頻繁に使われる食材名

◎01
アカシア
チャオム

マメ科の樹木の若芽。鮮度が落ちると黄色みを帯び、葉に渋いような臭みが生じる。インドシナでは生のまま、または加熱して添えものにする。さっとゆでるとやわらかくなり、えぐみが減って食べやすくなる。アジア食材店で購入する際には鮮度のよいものを選びたい。

◎02
アカワケギ
ホムデン

タマネギやエシャロットの近縁種で、皮は赤紫色、直径3cmほどの大きさ。インドシナ全域で食べられる汎用性の高い野菜。タマネギのような辛みが少ないので生食に向く。根を切って皮をむき、冷蔵または冷凍で保存すると皮付きの状態よりも日持ちがする。加熱する料理の場合は、ベルギーエシャロットやペコロスで代用できる。

◎03
ウコン (生)
ウコン / ターメリック

ショウガ科の植物で、インドシナ三国ではカンボジアで多用される。生鮮品は根をつき臼でつぶしてハーブミックスの材料にしたり、乾燥させた粉末をスープ料理に使うことが多い。生鮮品と粉末では風味が違うので、好みに応じて使い分けるとよい。アジア食材

店で主に冷凍品が購入できる。ただし解凍すると水分が出るので、凍った状態でつき臼でつぶすこと。量を入れすぎると独特の苦みが強くなるので注意する。

◎04
ガランガル
ガランガル / カー

ショウガ科の植物で、和名は「ナンキョウ」。ショウガほど辛みがなく、甘みが立つ。カンボジアでは主につき臼でつぶしてハーブミックスの材料に使う。ラオスでは焼き目をつけてからつぶし、和えものやスープ料理の風味づけに使うことが多い。ベトナムでは魚料理の味づけに少量加えることがある。香りが強いので入れすぎないこと。

◎05
p017: COLUMN ① 参照
キビ粗糖
キビソトウ / キビサトウ

サトウキビが原料の砂糖。日本では鹿児島県の種子島や喜界島などで生産量が多い。アンドシノワーズでは、精製度が低く、サトウキビ特有の風味が強い粗糖を使う。包装された商品を買う場合は、試しに購入して開封時に香りをたしかめる。華やかな香りと甘み、味わいにコクを感じるものが良質。

◎06
クッキングバナナ
クッキングバナナ

「プランテン」と呼ばれる食用バナナ。皮は緑色で、果実は渋くて硬いので必ず加熱調理して食べる。皮は手ではむけないので、ピーラーで削ぐこと。ヤツガシラやサツマイモに似た味と香りがあり、カンボジアでは主にバナナの葉に包んで焼いて食べる。ベトナムでは煮込み料理の具材としても使う。

◎07
ココナツジュース
ココナツジュース / 椰子汁

若いココナツの果汁。トニックに似た香りと甘みがあるが、鮮度が落ちると少し苦くなる。果実が入手できないときはパッケージされたオーガニックココナツウォーターを使う。

◎08
コブミカンの葉
コブミカン

ミカン科の柑橘の葉。ラオスではごく細かいみじん切りにしてそのまま、またはほかのハーブと合わせて肉や魚の練りものに加える。カンボジアでは蒸しものや炒めものに入れて香りを加える。ベトナムではせん切りにして薬味にする。葉が2枚連なっているものが鮮度が高い。冷凍保存が可能だが、自家栽培すると香りのよい若葉が使えるのでおすすめ。繊維が硬いので、つき臼でつぶすときはほかのハーブと一

本書で使う砂糖のこと

インドシナ三国のうち、料理に砂糖をもっとも多用するのはベトナムの南部、次にカンボジアだろう。北部のラオスや北ベトナムはあまり甘い味つけを好まない。

　本書で使う砂糖はサトウキビからつくるキビ粗糖と、サトウヤシの樹液からつくるパームシュガーに分かれる。インドシナ料理では、どちらもあまり精製していないものを選びたい。私たちはキビ粗糖は鹿児島・喜界島産を愛用している。キビ粗糖は濃縮された蜜の香りが立つものが上等。

　パームシュガーは日本でも石鹸状の固形のものが手に入るが、カンボジアの田舎、とくにトンレサープ流域の街へ行くことがあれば、ぜひ古い市場で液体状のパームシュガーを求めるとよい。茶色のどろどろした液体が大きなポリバケツに入っていたら、それがパームシュガーだ。サトウヤシの樹液を大鍋で煮詰めてつくり、加熱の加減で焦げ色がついた野性味のあるものから、丁寧に煮詰めて乳白色に近い色合いに仕上げた上品な味わいのものまでいくつかの等級があるのもおもしろい。砂糖は精製するほど雑味が抜けて混じりけのない風味になるが、パームシュガーも固形に整ったものよりも液状のもののほうが風味があり、インドシナの古典的な料理に向く。ただ、量を入れすぎると味がくどくなるので、キビ粗糖を混ぜて味をととのえるとよい。

緒にせず、それだけでよくつぶすと仕上がりがよい。なお、果実の皮もハーブとして使う。

◎9
塩漬け卵
シェンダン／鹹蛋

アヒルをはじめ、鶏やウズラの卵を塩漬けにした保存食品。本書ではアヒルの卵のものを使う。中華食材専門店では「鹹蛋」（シェンダン）の名で販売されている。インドシナに移住した華僑が持ち込み、華人の多いメコンデルタやカンボジアでよく食べられる。ゆでたものを粥やご飯のおかずにするほか、月餅の具にしたり煮ものに入れたりするなど用途は広い。

10
スズメナス
マクアポアン／セイバンナス（ビ）

ナスの一種で、形と色がグリーンピースに似ている。カンボジアでよく用いる。独特の苦み、パリッと弾けるような皮の食感が特徴。鮮度のよいものは生食に向く。冷凍保存したものや大ぶりの粒は、一度フライパンで炒めてから使うこと。

インドシナ料理の 唐辛子使い

インドシナ三国の古典料理でわかりやすく辛いものは、中国に近いラオス北部の保存食くらいだと思う。日々のおかずは、塩気と甘みが調和する中に辛みが添えられた程度のやさしい味で、舌が痛くなるような辛みは好まれない。

　インドシナ料理において唐辛子の使い方は大きく「生」と「乾燥」に分けるとわかりやすい。ベトナムでは生を細かくきざみ、魚醤に加えてつけダレにしたり、和えもののアクセントにしたり、飾りつけに散らしたりし、野菜らしいフレッシュな使い方が主流。カンボジアではベリーのような香りのする肉厚種を半生くらいに乾燥させたものが見られる。これを水に浸けてもどし、その唐辛子ともどし汁をだしとして加えて仕上げる蒸しものなどがおもしろく、唐辛子を「辛み」ではなく「うまみ」の食材として捉えていることがわかる。ラオスでは主に中部から北部の農家でつくられている燻製唐辛子が珍重され、かの地らしい独特な燻製香のある料理に昇華する。囲炉裏の上で長時間燻して薫香をつけたそれは市場でも高価だ。

　フレッシュな唐辛子や肉厚の乾燥唐辛子は日本でもアジア食材店で代用品が手に入れやすいが、ラオスの燻製唐辛子は残念ながら日本では入手不可能。自分で燻製してつくるか、料理に少しだけカツオの荒節を加えるとよい。

11

スターフルーツ
スターフルーツ

熱帯アジア原産とされる果実。輪切りにすると断面が星の形状をしている。黄色い完熟の果実よりも、青みの残る若い果実がインドシナの料理に向く。果物というより、添えものとして野菜のような感覚で皮ごと食べる。

12

ソイビーンズソース
シーユーダム / 老抽

中国の「老抽」（ラオチョウ）に近い風味のやや甘めの醤油。白鳥の絵のラベルのフィリピン産のソイソース、タイ産の「シーユーダム」がアジア食材店で購入できる。日本の醤油と違い塩気が控えめで、大豆の油っぽいコクがある。砂糖が添加してあるため炒めものに入れるとコクが加わるほか、肉の漬け込みに使うとしっとりと仕上がる。

13

タマリンド
タマリンド

熱帯原産のマメ科の樹木の実。インドシナでは街路樹として植えられており、サヤの中のグリーンピースに似た果肉を食べる。若いサヤは皮ごとつぶし、魚の素焼きや素揚げの添えものにする。熟した実はソースのベースとして使われる。青く若い果実と、褐色の熟した果実はまったく別ものと考えるとよい。若い果実の種は苦いので除くこと。日本では完熟したものをブロック状に固めたものと、中熟を水に溶いた瓶詰が手に入るので用途に応じて使い分ける。

14　p018: COLUMN ② 参照

肉厚唐辛子（乾燥）
チレ・ワヒージョ

大ぶりで肉厚な甘唐辛子の完熟果（赤）を乾燥させたもの。主に水に浸してやわらかくもどし、そのもどし汁とともにだしやうまみのもとといった感覚で使う。日本ではタイ産、メキシコ産が手に入る。ラオスでは燻製した

ものが高値で扱われるが、生産者が限られるため現地でも手に入れることが難しい。代用するなら、一般的な乾燥唐辛子にカツオの荒節を合わせて煮てだしをとり、その唐辛子とだしを使うとよい。カンボジアでは半乾燥させた、ドライトマトに似た食感のものを煮込み料理に使う。いずれもヘタと種は除くこと。

15
p019: COLUMN③ 参照

濁り魚醬
流通しない

フナやニゴイなど、メコン川流域の淡水魚を内臓ごと醸した魚醬。一般的に流通する透明な魚醬とは異なり、見た目は茶色く濁りどろっとしている。ラオスでは「パデーク」と呼ばれ、料理全般に用いられる。しかし魚醬とは使い方が異なり事前に加熱してから使うことがほとんどで、蒸しもの、炒めもののほか、和えもののソースにする場合も加熱したうえで用いる。残念ながら日本ではパデークは入手できないため、好みの「うるか」や「鮎魚醬」を同じように使うとよい。

16
p017: COLUMN① 参照

パームシュガー
パームシュガー / 椰子砂糖

サトウヤシの樹液を煮詰めてつくる砂糖。カンボジアのトンレサープ湖一帯が産地。パームシュガーは生産者の製法が均一でないので、味をたしかめて好みの商品を探すとよい。色の濃淡の違いは、製造時の加熱の仕方によって生じる焦げの度合いの差によるもの。色の濃いものは煮ものの色づけにも使う。

17

ハイゴショウの葉
バイチャプルー / ラーロット

コショウ科の植物。茎は硬いので、子どもの手のひらほどの大きさの葉だけを使う。鮮度が落ちると黒ずむ。加熱するとコショウのようなスパイシーな香りと味が生じて青臭さがなくなり、肉料理によく合う。インドシナ全域でスープ料理や焼きもの、蒸しものの香りづけに使う。

インドシナ三国の魚醬

魚醬は魚介を塩蔵・発酵させ、濾過した透明の液体調味料。インドシナ三国の料理において、日本における塩や醬油と同じくらい使用頻度が高い。産地はベトナムとカンボジアの一部地域のみ。ラオスでは透明な魚醬は生産しておらず、主にタイ産、たまにベトナム産の魚醬が用いられる。

ベトナムの魚醬は中部から南部にかけた海岸沿いが産地で、イワシが主材料。カンボジアはトンレサープ湖流域の水上集落に暮らすベトナム人がつくるコイやフナ科の淡水魚を使ったものか、シャム湾のやはりイワシを中心としたものとなる。またラオスだけには、淡水魚を内臓ごと醸し、濾過しない濁った漬け汁と魚の身をそのまま用いる調味料「パデーク」があるのは特筆すべき点。主に気温と湿度が高い中部から南部で生産され、コイやフナ科の淡水魚を用いるものが多い。一部地域では淡水のカニを使ったパデークもあり、地域差があって楽しい。ラオスでは料理ごとに魚醬とパデークとを明確に使い分ける。

魚醬の味の良し悪しは、産地や魚の種類というよりも「生産者の質」によるところが大きいと考える。インドシナ半島産の魚醬はおいしいものももちろんあるが、昨今の人口増加による大量生産化の裏側で、うま味調味料が多用されすぎたものや、必要以上に薄めて砂糖を加えたような商品が多いのは残念な実情。日本では、秋田県の「しょっつる」や北陸地方の「いしる」など、真摯につくられた魚醬を選んで使うことをおすすめする。パデークは、濁った「鮎魚醬」で代用すると上品な仕上がりになりおいしい。また全般にいえるが、魚醬の塩気は品によってかなり異なるので、好みで調整してほしい。

18 ハスの茎（瓶詰／酢漬け）

ゴーセン

沼沢地帯の多いインドシナ南部で、若くてやわらかいハスの茎を食用にする。日本ではベトナム系の食材店で酢漬けの瓶詰が購入できる。酢漬けは、よく水洗いして酢を除いてから調理すること。

19 発酵エビペースト

カピ

南シナ海で獲ったアミを干し、塩を加えて発酵させた調味料。そのまま和えものに入れたり、スープや煮込みにコクを加えたいときなどに使う。カンボジア、タイ、ラオスなどでは小さく切ったバナナの葉に包んで直火で焼き、風味を立たせてから料理に用いることもある。

20 発酵大豆

流通しない

蒸した大豆を発酵させたカンボジアの調味料。香りと味は納豆に似ているが糸は引かない。南国特有の食材でつくるこの調味料は風味が強く、さらっとして塩気が強い。カンボジアと、カンボジアに近いラオスの国境付近で見られる。粥に添えたり、揚げ魚のタレにしたりする。日本では納豆を軽く洗って粘りを除き、塩（塩分濃度3％ほど）を加えて軽くつぶしたもので代用できる。

21 バナナハート

バナナハート

バナナの花のつぼみ。20cmほどの紡錘状をしている。アジア食材店で購入できる。インドシナ全域で、薄くスライスしたものをサラダや焼き肉の添えものとして生で食べる。カンボジアやラオスではざく切りにしたものをスープなどに入れて食べることもある。空気に触れるとすぐに酸化するので、カットすると同時に酢水に浸けて変色を防ぐこと。

22 パンダンリーフ

パンダンリーフ／ニオイアダン／バイトゥーイ／ランペ

和名は「ニオイアダン」という南洋の植物の葉。甘い香りが「東洋のバニラ」と称される。肉に巻いて焼いたり、スイーツの香りづけにするなど用途は広い。冷凍保存が可能。鹿児島県の奄美や沖縄県に自生するアダンは近縁種だが、観賞用のため食用には向かない。

23 プラホック

p021: COLUMN④ 参照

プラーラー／マムカー

トンレサープ湖の淡水魚を塩漬けにした発酵調味料。品質の低いものは腐敗臭がするが、丁寧につくったプラホックはなれずし（とくに鮒ずし）のような香りがする。熱帯魚に似た魚からコイ科の魚までさまざまな魚を用いたプラホックがある。コメ粉や糠を含むプラホックは水洗いしてから使う。また、小骨が多くて硬いので包丁でよく叩いて骨切りをすること。日本ではタイ産の「プラーラー」（瓶詰）が代用になる。

24 ベトナムカレー粉

ベトナムカレーパウダー

ターメリックやコリアンダーシードなど南アジアでよく使われるスパイスと、八角や山椒など中華圏で使用頻度の高い香辛料を混ぜ合わせた、マイルドな味わいのカレー粉。国内ではインド人の顔のイラストが印象的なパッケージの「VIANCO」（ビアンコ）ブランドの商品が購入できる。

25 ベトナム式チリペースト

チリインオイルペースト／越南辣椒醤

唐辛子、ニンニク、干しエビ、レモングラスが原材料の粘度のないチリペーストで、「食べるラー油」に似ている。ベトナム語で「オッコーサテ(Ót khô saté)」。粉唐辛子を原料にした甘みのある液状のチリソース「トゥーンオッ」(Tương Ót)は別もの。中華食材の「辣椒醤」（ラァジヤオジヤン）で代用できる。

26 ホーリーバジル

ホーリーバジル／ガパオ

シソ科のハーブで生食、加熱調理のどちらにも向く。先端につく細かいつぼみと花弁も食べられる。ラオスやカンボジアでは、ブーケのような束にして添え野菜として提供し、その様子はかわいい。球状に固めて冷凍したものであればアジア食材店で購入できる。

27 干しエビ

干し海老／干蝦

川エビを乾燥させた乾物。乾季のトンレサープ湖で獲った川エビをゆでてから屋外で数日乾燥させ、そうして硬く締まった川エビの身を袋に入れて棒で叩いて殻を外す。身の大小は品質とは関係ない。たんぱく質特有の経時によるアンモニア臭が出ていないものを選びたい。冷蔵、または冷凍で保存する。

28 ヤナーン

ヤナーン汁

ヤナーンはラオスの古典料理に欠かせない青い葉野菜。月桂樹のような形に成熟したその葉は発酵させた緑茶の茶葉のような香りで、葉を水の中で揉んで色素と苦みなどを絞りとった緑の汁を食材とする。タケノコやキノコと一緒に煮込んだスープ料理が定番。独特の苦みと甘みがあり、料理に風味を加える。日本ではアジア食材店でこの汁の缶詰が購入できる。

29

ラウラムの葉
ベトナムミント

タデ科の植物で流線形の葉を食用にする。葉はドクダミに似た強い香りがあり、生食で独特の風味を楽しむ。インドシナでは肉や卵料理の添えものとして使うことが多い。沼地に生育しているため、よく水洗いして泥などを除くこと。

30

緑豆
ムングダール / ムング豆

市販されているものには皮付きの緑色のものと、皮がむいてある黄色のものがある。豆の粒を生かしたいときは皮付き、豆をペーストにする場合は皮なしを使うこと。豆を水でふやかすときは途中で水を何度か交換すると臭みがとれる。

31

レモングラス
レモングラス

イネ科のハーブでレモンのような爽やかな香りが特徴。インドシナ三国で非常によく使う。根元に近い茎（断面が紫色の年輪のようになっているやわらかい部分）と、葉先の硬い部分は使い分ける。冷凍品は解凍するときにドリップが流れ出るとともに風味が抜けるので、ぜひ生鮮品を買い求めたい。

プラホックのつくり方

プラホックはトンレサープ湖で獲った小魚を発酵させた塩蔵食品。湖に点在する水上集落では小さな船家に何人か集まり、日がな一日、小魚のウロコ、内臓、骨を除く仕事をしている。カンボジアで伝統的に漁業を行うのはベトナム人とチャム人で、その魚をクメール人が買いとってプラホックに仕上げるという、民族をまたぐ分業が見られる。

プラホックの材料となる魚はさまざまで、熱帯魚だったりコイ科の小さな魚や大きな魚のフィレなど。魚種ごとに異なるプラホックをつくる。どれも酷暑のカンボジアで半年ほど貯蔵するのでかなり強い発酵香がある。味のトーンは塩気と酸味に大きく分かれるが、砂糖と糠を混ぜた甘みの強いものもあり、好みのものを見つけるとよいだろう。日本ではアジア食材店でグラミーフィッシュを使ったタイ産の「プラーラー」が手に入る。以下はクメール人の家庭でのプラホックのつくり方と使い方。

① ナマズやライギョを開き、半日ほど天日に干す。
② 粗塩（ときにコメ粉や糠も）をまぶして瓶に入れて常温で置く。1週間後くらいから食べられるが、3週間ほど置くと頃合いになる。
③ 料理に使うときは、コメ粉や糠がついていたら洗い落とし、粘りが出るまで包丁でよく叩いて骨を切る。

山の章

山岳地帯
ならではの
料理

もう二十年ほど前のこと。ラオス国境に近い
山あいの農業会社へフランス人を訪ねた。庭
で遅い昼食をご馳走になると、ベトナム人の
老女がひとりで調理を司っている。厨房の壁
にフランス語の買い物メモとレシピが貼って
ある。そこには、フランスだけに開かれたイ
ンドシナの世界があった。

1

青唐辛子とにんにくのディップ

RECIPE - **p.032**

แจ่ว เผาะเผ็ด

STORY

アンドシノワーズの料理を紹介すると、「ラオス料理は、食べたことがないのにどこか懐かしい感じがする」という感想を頂戴することがよくある。この料理はその「懐かしい感じ」の代表格。

肉厚の青唐辛子は水分がすっかり飛ぶまで焼き、同じく中がとろっとするまで焼いたニンニクとともにディップのようになるまでつぶす。見た目には形容しにくいけれど、食感のトーンとしては焼きナスが好きなら気に入る味だと思う。ラオスの主食である長粒種のもち米に限らず、炊きたての日本米にのせて食べたくなる味だし、つきたてのよく伸びるお餅にもよいかもしれない。

แจ่วเห็ด

2

白いきのこの和えもの

RECIPE · p.032

STORY

「ジェオ」とは「鉢でつぶしたペースト状のおかず」の総称で、ラオスの食卓にはさまざまな種類が並び、そのどれもが主役のもち米のために用意されたいじらしい小鉢のような存在（p.028 参照）。

　トマトやナスなどの果菜やキノコを焼いてつぶし、調味すれば、それはあなたの「ジェオ」になる。だから、ちょっとキノコが余ったからつくってみる、くらいの手軽さで試してみていただきたいし、自分なりに具材や味つけをアレンジしてもらえたらうれしい。

焼きトマトのディップ

RECIPE · p.032

STORY

「今日は結婚式だから遊びにおいでよ」

　そう言われて伺ったお宅の庭には、広いゴザが敷かれ、腕自慢のおかずがぎっしり並んでいた。きっと何人ものご近所さんがつくったのであろう。それらはどれも、見た目がぐっちゃりとしたペースト状で、どれが何かよくわからないし、お世辞にも華やかな盛りつけとも言いがたい。でも、おひつに山盛りになったお米をちぎりとり、それらの"ぐっちゃり"をつけて食べると、すべて違う味がする。

塩と唐辛子でシンプルに味つけしたもの、魚醤が主張する発酵による味わいが強いもの。寝かせて熟成したとっておきの蔵出し味噌のような味わいのものもある。これらが、ラオス料理の芯となる「ジェオ」。

　野菜や肉、魚卵。主材料を使い分けることで多彩なレシピが生まれてきた中で、本書でもいくつかのジェオを紹介している。このトマトを使ったものは現地で「ジェオマクレーン」と呼ばれる。もち米や、蒸したナスやオクラに添えてもよい。

4

たけのこと
豚肉の包み蒸し

RECIPE · p.033

STORY

ある冬の寒い早朝。脚が冷たくて暗いうちから目が覚めたので布団の中でごろごろしながら台所を眺めていると、大旦那が囲炉裏に火を入れながらこの包み蒸しを温めなおすそばで、竹製の小さな箱をつくっていた。中が九つのマス目状に区切られ、取っ手がついている。

あたりが明るくなってみんなが囲炉裏の周りに集まりはじめると、彼は部屋の隅にしゃがみこみ、箱のマス目それぞれに、魚の切れ端やなにかの肉片、もち米、色紙などを入れていた。「今日はお寺へ行くから、お供えをつくっている」という。タケノコはインドシナ三国の中でもとくにラオス全域と北ベトナムで親しまれる食材だが、ラオスの山あいで見る竹はこうして生活のすみずみに寄り添っていた。

山のスープ

RECIPE - p.033

ラオス料理の醍醐味は、未知の生野菜とハーブのバリエーションにあると思う。よく「東南アジアの料理は野菜たっぷりでヘルシー」と言うけれど、ラオスの市場で野菜売り場を観察するとさもありなんと思うし、日本でラオスの古典料理があまり紹介されることがないのは、現地の野菜が独特で、日本の食材では本当には代用できないからなのかな、とも思う。

このスープは、現地ではヤナーンという青い葉野菜の搾り汁を使う。緑茶の茶葉を大きくしたような植物で、水の中でよくよく揉み込んだ緑の汁がベースになる。もし、機会があったらラオスの市場へ行くと、ペットボトルやビニール袋に詰められたその汁をすぐに見つけられることと思う。「山のスープ」は私たちが自由につけた名前。山あいに土地を構えるラオスの豊かな食文化に、敬意を表して。現地では「ゲーンノーマイ」と呼ばれる。

แกง ขึ้ไก่

1

青唐辛子と
にんにくのディップ

材料　5人分

A
┌ 甘唐辛子 …… 10本（200g）
├ 赤唐辛子（生）…… 1本
├ ニンニク（皮付き）…… 1個
└ アカワケギ【02】（皮付き）…… 5個

B
┌ 濁り魚醤【15】…… 小さじ1/2
├ 魚醤 …… 小さじ1
├ 塩 …… 小さじ1/2
└ 砂糖 …… 小さじ1/2 〜 1

つくり方

❶ A を天板に平らに並べ、200℃のオーブンで 20 〜 30 分間加熱する。バットにとって冷ます（炭火がある場合は、A に金串を刺して中心がやわらかくなるまでまんべんなく焼く）。

❷ 甘唐辛子と赤唐辛子は長さ 2cmにざく切りにする。ニンニクとアカワケギは皮をむく。

❸ ②をつき臼でつぶしてペースト状にする。

❹ ③に B を加え、さらにつぶしながら混ぜて全体をなじませる。

2

白いきのこの和えもの

材料　5人分

A
┌ 白マイタケ …… 150g
├ マッシュルーム …… 150g
├ 甘唐辛子 …… 10本（200g）
├ ナス …… 中1本
├ ニンニク（皮付き）…… 1個
└ 赤唐辛子（生）…… 1本

B
┌ 香菜の茎（粗みじん切り）
│　　…… 1株分（約5cm）
├ 濁り魚醤【15】…… 小さじ1/2
├ 魚醤 …… 小さじ1
├ 塩 …… 小さじ1/2
└ 砂糖 …… 小さじ1/2 〜 1

つくり方

❶ A を天板に平らに並べ、200℃のオーブンで 20 〜 30 分間加熱する。バットにとって冷ます（炭火がある場合は、A に金串を刺して中心がやわらかくなるまでまんべんなく焼く）。

❷ 白マイタケは小房にほぐす。マッシュルームは手で 3 つに割る。甘唐辛子、ナスは長さ 2cmにざく切りにする。ニンニクは皮をむく（唐辛子はそのまま）。

❸ ②の白マイタケ、マッシュルーム以外をつき臼でつぶしてペースト状にする。

❹ ③に②の白マイタケ、マッシュルーム、B を加え、つぶしながら混ぜて全体をなじませる。

3

焼きトマトのディップ

材料　6人分

A
┌ ミニトマト …… 大約10個（300g）
├ ナス …… 小1 〜 2本（100 〜 150g）
├ ニンニク（皮付き）…… 大1個
└ ショウガ（薄切り）…… 1 〜 2片

B
┌ 香菜の茎（粗みじん切り）… 2 〜 3株分
├ 赤唐辛子（粉）…… 2つまみ
├ 塩 …… 小さじ1
└ キビ粗糖【05】…… 小さじ1

魚醤 …… 小さじ1

好みのハーブ類
　ディル …… 適量
　ミント …… 適量

つくり方

❶ A（ショウガはアルミホイルで包む）を天板に平らに並べ、200℃のオーブンで 20 〜 30 分間加熱する。バットにとって冷ます（炭火がある場合は、野菜に金串を刺して中心がやわらかくなるまでまんべんなく焼く）。

❷ ①のニンニクの皮をむき、ショウガ、B と合わせてつき臼でつぶしてペースト状にする。

❸ ①のミニトマト、ナスを適宜切りながら②に加え、つぶしながら混ぜる。

❹ 魚醤、好みのハーブ類を③に加え、軽く和える。必要に応じて塩（分量外）を加えて味をととのえる。

4

たけのこと
豚肉の包み蒸し

材料 6人分

タケノコ（水煮/細切り）…… 300g

豚肉の下準備

　豚バラ肉（塊）…… 150g

　魚醤 …… 小さじ1

青汁

　アシタバの葉※ …… 約6枝分

　水 …… 500㎖

香味野菜のペースト

　アカワケギ【02】…… 4個

　ニンニク（皮付き）…… 1片

　赤唐辛子（生）…… 2本

　塩 …… 適量

もち米のペースト

　モチゴメ（長粒種）…… 大さじ2

　赤唐辛子（生）…… 1/2本

　水 …… 適量

仕上げ

A ┌ 濁り魚醤【15】…… 大さじ1
　│ 魚醤 …… 小さじ1
　│ 塩 …… 小さじ1/2強
　└ 砂糖 …… 小さじ1

　洗いゴマ（白）…… 大さじ1

　ハイゴショウの葉【17】（適宜にちぎる）
　　　…… 2枚分

　塩 …… 適量

※ ラオスではヤナーン【28】という青
い葉野菜を使う

つくり方

豚肉の下準備

❶ 豚肉に魚醤をまぶして揉み込む。細
切りにする。

青汁

❶ アシタバの葉を水200㎖とともに
フード・プロセッサーにかける。

❷ ①をザルで漉し、水300㎖を加えて
のばす。

香味野菜のペースト

❶ 鍋（油は引かない）に塩を入れて
中火にかけ、そのほかの材料を加える。
表面が焦げて香ばしくなり、ニンニクが
中までやわらかくなるまで空焼きする。

❷ アカワケギとニンニクの皮をむき、
赤唐辛子とともにつき臼でつぶして
ペースト状にする。

もち米のペースト

❶ モチゴメをかぶるくらいの水に3時
間浸ける。

❷ ①の水気をきり、赤唐辛子とともに
つき臼でつぶしてペースト状にする。

仕上げ

❶ 深鍋にタケノコ、下準備した豚肉、
青汁、香味野菜のペースト、もち米のペー
ストを入れ、中火で加熱する。沸騰した
ら弱火にし、とろみがつくまで加熱する。

❷ Aを加えてひと煮立ちさせた後、洗
いゴマ、ハイゴショウの葉を加えて軽
く混ぜる。塩を加えて味をととのえ、
火を止めて粗熱をとる（この後、バナ
ナの葉に包んで蒸してもよい）。

5

山のスープ

材料 6人分

豚肉の下準備

　豚肩ロース肉（塊）…… 300g

　魚醤 …… 大さじ2

　キビ粗糖【05】…… 小さじ1強

スープのベース

　アシタバの葉※1（ざく切り）… 10枝分

　水 …… 300㎖

もち米のペースト

　モチゴメ（長粒種）…… 20g

　赤唐辛子（生）…… 1本

　ニンニク …… 1/2片

　水 …… 適量

仕上げ

A ┌ カボチャ（皮付き/ひと口大）
　│ 　…… 250g
　│ レモングラス【31】（みじん切り）
　│ 　…… 1本
　└ 水 …… 500㎖

B ┌ タケノコ（水煮/細切り）…… 300g
　│ 白ナス（ひと口大）
　│ 　…… 大1本（約200g）
　│ 生キクラゲ …… 60g
　└ 水 …… 400〜500㎖※2

　濁り魚醤【15】…… 大さじ1

　ミントの葉 …… 適量

※1 ラオスではヤナーン【28】という
青い葉野菜を使う。
※2 量は好みに応じて調整する

つくり方

豚肉の下準備

❶ 豚肉に魚醤、キビ粗糖をまぶして揉
み込む。

❷ ①を200℃のオーブンで30分間加
熱する。粗熱をとり、ひと口大に切る。

スープのベース

❶ アシタバの葉を水とともにフード・
プロセッサーにかける。

❷ ①をザルで漉す。

もち米のペースト

❶ モチゴメをかぶるくらいの水に3時
間浸ける。

❷ ①の水気をきり、赤唐辛子、ニンニク
とともにつき臼でつぶしてペースト状に
する。

仕上げ

❶ 厚手の鍋に下準備した豚肉、Aを入
れ、強めの中火で加熱する。沸騰した
ら弱火にして20分間煮る（水［分量外］
を適宜加え、ひたひたの水分量を保つ）。

❷ ①にスープのベースの半量、もち米
のペースト、Bを加え、中火で加熱する。
沸騰したら弱火にし、ふつふつとした状
態（煮立たせない）を保って10分間加
熱する。

❸ ②にとろみがついたらスープのベー
スの残り半量を加え、中火で加熱する。
沸騰したら濁り魚醤を加え、ひと煮立
ちさせる。必要に応じて塩（分量外）
を加えて味をととのえる。

❹ 器に盛り、ミントの葉をあしらう。

根菜ハーブともち米のスープ

RECIPE - **p.038**

サカーンと呼ばれる木を用いるこの煮込み料理は、ラオスの古都ルアンプラバンよりもさらに北部の国境に近い地域でよくつくられている。

　表面の土がついた厚皮をパリパリとむくように軽く洗ってから、大人の小指くらいの大きさに切り分けた木片は、ぐつぐつ煮込んでいるうちに山椒のような、黒コショウのようなスパイスの香りがスープに染み込んでいく。木だから日持ちがすると思いきや、冷蔵で3週間、冷凍でも1ヵ月ほどのうちに使いきったほうがよい、鮮度が大事な食材だ。日本で代用するなら、挽きたての黒コショウを適量加えるとよい。

7 | 白身魚と焼トマトのスープ

RECIPE - p.038

STORY

言ってしまえば、「白身魚のラープ」(p.055)や「白身魚の香草蒸し」(p.081)と一緒に魚のアラでつくる料理だけれど、切り身を使ってもおいしいレシピにした。直火で焦げ目がつくまで焼いたトマトのおかげで、独特の酸味と香ばしさのある爽やかなスープだ。

ラオスの人々は料理によって、火を「ガス」と「薪(または炭)」とで使い分ける。(スープを)煮込む、(湯を)沸かすといった、とにかく熱くなればよい料理

はガス。(野菜やパンを)あぶる、(肉や魚を)焼く、(唐辛子やニンニクを)燻す、といった作業は必ず薪か炭。

ガスが通じている近代的な街の家屋や、レストランでさえも「この料理はガスにかけて」「この料理は薪だね」といった会話が交わされるのはいかにもラオスらしいし、料理の出来栄えに香りを重要とするラオス料理らしいとも思う。

8

豚肉のラープ

RECIPE - p.039

STORY

「この前教えたレシピよりもうまいつくり方を考えたから、おいでよ」

　そう言われて伺ったレストランの庭に、立派な屋外キッチンができていた。私たちが訪ねるからと、わざわざしつらえてくれたそうだ。ラオス人は総じてシャイで思慮深く、とくに外国人に対しては一歩距離を置くようなところもあるが、一度懐に入ると、明らかに他人と区別してかわいがったり親切にした

りしてくれるところがある。

　濁り魚醤をいったん焦がすことで、その独特なにおいや味のイメージをまったく別のうまさに昇華させた豚肉の「ラープ」は、手間がかかるからオーダーごとにつくることがかなわず、彼女のレストランではメニュー化していないという、私たちの味。ラープとはラオスの古典的な和えものの総称（p.055参照）だが、豚肉のそれは「エース」ともいえる。

ສະໄຄ່ໄ້ອ

9

レモングラスの
ファルス

RECIPE - **p.039**

誤解を恐れずに言えば、軟派な料理である。

ラオスではレストランの定番メニューだし、生の
レモングラスが豊富に手に入るインドシナにおい
ては、それをきざみ込んだ挽き肉料理はまさにその
典型かもしれない。

この料理が古典たる理由は、ラオスが山深く、
肉や魚といったたんぱく質が珍重される国柄だっ
たというルーツに紐づく。家庭で豚を1頭さばい

たら、それを多人数の家族で平等にいただくには
部位にこだわらず粗挽き（叩き）にしてしまうの
がよく、さらにレモングラスで個分けに包むことで、
大人にも子どもにも平等に配ることができるという。

私たちがしつこくインドシナ料理を研究する理
由のひとつである「料理から見える生活文化背景」
を、一等感じとれるお話だ。しかし、レモングラス
が豊富に生える南国はうらやましい。

6

根菜ハーブと
もち米のスープ

材料　4人分

豚バラ肉（塊）…… 200g

ナス …… 中2本

魚醤 …… 小さじ1

A ┌ ショウガ …… 1片
　├ 赤唐辛子（生）…… 1〜2本
　├ ニンニク …… 1片
　└ 香菜の茎 …… 2株分

B ┌ レモングラス【31】（みじん切り）
　│ …… 3本
　├ サカーン ※（4つ割り）
　│ …… 直径3cm×7cm程度
　└ 水　1500ml

C ┌ 魚醤 …… 小さじ2
　├ 塩 …… 小さじ2
　└ キビ粗糖【05】…… 小さじ2

もち米のペースト

モチゴメ（長粒種）…… 大さじ3

水 …… 適量

生キクラゲ …… 30〜40g

アシタバの葉 …… 4枝分

魚醤 …… 小さじ1〜2

ディル（生）…… 3枝分

※ 黒コショウ（粗挽き／小さじ1）で代用できる

つくり方

❶ 豚肉に魚醤をまんべんなくまぶし、常温で約1時間置く。

❷ ①、アルミホイルで包んだナスを200℃のオーブンで20〜30分間加熱

する（オーブンがない場合は、豚肉はフライパンで表面に焼き目がつくまで焼く[中まで火が通っていなくてよい]。ナスはアルミホイルに包み、網をのせたガスコンロで表裏を返しながら弱火で20分間焼く）。粗熱をとり、豚肉は4cm角に切り、ナスは食べやすい大きさに手で割く。

❸ A をつき臼でペースト状にする。

❹ 鍋に②の豚肉、③、B、Cを入れ、強めの中火で加熱する。沸騰したらもち米のペースト（後述）を加え、弱火で30分間煮る（焦げないようにときどき鍋底からかきまわす）。

❺ ④にとろみがついたら②のナス、生キクラゲを加え、混ぜながらひと煮立ちさせる。アシタバの葉を加え、ひと混ぜする。

❻ ⑤に魚醤を加え、必要に応じて塩（分量外）を加えて味をととのえる。ディルをあしらう。

もち米のペースト

❶ モチゴメをかぶるくらいの水に3時間浸ける。

❷ ①の水気をきり、つき臼でつぶしてペースト状にする。

7

白身魚と焼トマトのスープ

材料　4人分

白身魚の下準備

白身魚※1 …… 500〜600g

スープのベース

香菜の根　4株分

水　1600ml

A ┌ レモングラス【31】
　│ …… 3本（60g）
　├ ガランガル【04】…… 20g
　├ 赤唐辛子（生）…… 1本
　├ ニンニク …… 約1片（10g）
　├ タマリンド【13】（完熟・ブロック状）
　│ …… 40g
　└ 水 …… 大さじ2

焼きトマト

ミニトマト …… 8個

仕上げ

白マイタケ …… 100g

B ┌ 魚醤 …… 15ml（約大さじ1）
　├ 塩 …… 7g（小さじ1強）
　└ キビ粗糖【05】…… 10g（約小さじ1）

蒸したもち米※2 …… 200g

スターフルーツ【11】（厚さ3mmに薄切り）
…… 6枚

ライムの果汁 …… 1/2個分

※1 本来は淡水魚を使うが、スズキ、ヒラメ、クロダイ、カマスなどで代用できる
※2 材料とつくり方はP049参照

つくり方

白身魚の下準備

❶ 白身魚のウロコと内臓をとり除く。食べやすい大きさに骨ごとぶつ切りにし、流水で洗う（頭や尾も使う）。

スープのベース

❶ Aの下準備をする。レモングラス、ガランガルは棒などで粗く叩きつぶす。

赤唐辛子、ニンニクはつき臼でともにつぶす。タマリンド（種ごと）は水と合わせて溶く。

❷ 鍋に水、香菜の根を入れ、強火で加熱する。沸騰したら①をすべて加え、弱めの中火で10分間煮る。

焼きトマト

❶ ミニトマトを網をのせたガスコンロ（または魚焼きグリル）で表面がところどころ焦げるまで焼く。

仕上げ

❶ スープのベースに下準備した白身魚を加え、アクが出たらとり除きながらひと煮立ちさせる。

❷ ①に白マイタケ、Bを加え、弱火で煮て白身魚に火を通す（約7〜8分間）。

❸ ②に焼きトマトを加え、必要に応じて塩（分量外）を加えて味をととのえる。

❹ 器にピンポン玉大の蒸したもち米を盛り、③を注ぎ入れる。スターフルーツをあしらい、好みに応じてライムの果汁を搾り入れる。

8

豚肉のラープ

材料　6人分

豚バラ肉（塊）…… 300g
豚レバー（塊）…… 150g
豚ハツ（塊）…… 150g

焦がし魚醤汁
　濁り魚醤【15】…… 大さじ2
　水 …… 適量（肉ダネが浸る程度）
A
　┌ レモングラス【31】（叩きつぶす）
　│　…… 1本
　│ 塩水（塩分濃度3%）
　└　…… 適量（レバーとハツが浸る程度）

もち米粉
　モチゴメ（長粒種）
　　…… 適量（1カップが目安）
B
　┌ 赤唐辛子（粉）…… 2つまみ
　│ 魚醤 …… 小さじ1/2 〜 1弱
　│ 塩 …… 小さじ1
　└ 砂糖 …… 小さじ1強

好みのハーブ類
　小ネギ（小口切り）…… 5本
　ディルの葉 …… 5枝分
　チャービルの葉 …… 10枝分
　香菜（粗みじん切り）…… 2株分

つくり方

❶ 豚バラ肉を包丁で叩いて粗みじん切りにする。半量ずつに分け、それぞれをテニスボールほどの大きさの肉団子にまとめる。

❷ 鍋に①の肉団子、焦がし魚醤汁（後述）を入れ、中火にかける。沸騰したらごく弱火にし、20分間煮る。火を止め、肉団子を煮汁に浸けたまま粗熱がとれるまで冷ます。

❸ 別の鍋に豚のレバーとハツ、A を入れ、中火で20分間煮る。火を止め、レバーとハツを煮汁に浸けたまま粗熱がとれるまで冷ます（煮汁はとっておく）。

❹ ②の肉団子を煮汁からとり出し、粗く崩す。

❺ ③の豚のレバーとハツを煮汁からとり出し、長さ3cm×幅1cmの短冊形に薄く切る。

❻ 大きめのボウルに④、⑤を入れ、もち米粉（後述）、③の煮汁（150㎖）、B を加え、全体がなじむまで軽く揉むようにして和える。

❼ ⑥に好みのハーブ類を加え、軽く和える。

❽ 器に⑦を盛り、もち米粉（分量外）をふりかける。

焦がし魚醤汁

❶ 小鍋に濁り魚醤を入れて中火にかける。鍋肌に魚醤をまわしながらあぶり、焦げる寸前まで水分を飛ばす。

❷ 水を加えて沸騰させる。冷ます。

もち米粉

❶ モチゴメをフライパンで乾煎りし、表面がきつね色になって香ばしい香りが立ったら冷ます。

❷ ①をフードミルで粉状にする。

9

レモングラスのファルス

材料　8本分

肉ダネ
豚バラ肉（塊）　400g
A
　┌ レモングラスの下半分【31】（細かいみじん切り）……中4〜5本（80g）
　│ 赤唐辛子（生／細かいみじん切り）※
　│　…… 1本
　│ ニンニク（つぶす）…… 1/3片
　│ アカワケギ【02】（細かいみじん切り）
　│　…… 中5個（40g）
　└ 小ネギ（小口切り）2本
B
　┌ 魚醤 …… 小さじ1/2 〜 1
　│ 塩 …… 小さじ1強
　│　（肉と A の重量に対して1.5% = 6g）
　│ キビ粗糖【05】…… 小さじ1/2
　│　（肉と A の重量に対して1% = 4g）
　└ 氷 …… 1〜2片

仕上げ
　レモングラス【31】…… 8本
　ラード …… 大さじ1
　ミント …… 適量

※ 一味唐辛子（1つまみ）で代用できる

つくり方

肉ダネ

❶ A をつき臼に入れ、ペースト状になるまでつぶす（つき臼などがない場合は、アルミ製やステンレス製などの表面がガラス質でない鍋を使う）。

❷ 豚バラ肉を粗いみじん切りにし、①と合わせる。

❸ ②に B を加え、包丁で叩きながら全体をなじませる。

仕上げ

❶ レモングラスを叩きつぶし、繊維を割くように中ほどを開く。そこに肉ダネの1/8量を詰めて紡錘状に形づくる。

❷ フライパンにラードを熱し、①を並べて強めの中火で焼く。適宜に表裏を返して全体に強めの焦げ目をつけたら弱火にし、フライパンにアルミホイルをかぶせて15分間焼く（200℃のオーブンで20分間加熱してもよい）。

❸ 指で押して弾力を感じるようになったら加熱をやめる。皿に盛り、ミントなどの好みのハーブを添える。

蒸し野菜と生姜の和えもの

RECIPE・p.048

STORY

「これはまあ、あれだね。ごま和えだね」

アンドシノワーズでこの料理をご案内したときにお聞きする感想である。そうたしかに、ショウガがピリッときいた野菜のごま和えだ。日本からそれなりに遠く離れたラオスなのに、ご飯を食べるためにつくられたおかずの数々は舌のどこかが和食とつながって、「初めてだけど懐かしい」と思わせるのかもしれない。

日本でつくるなら、野菜は葉野菜の中でもアシタバやキンジソウといった南方原産の硬い葉野菜に、香りが強いセリ科の野菜を混ぜるとよいが、機会があったらぜひ現地で、ラオスでしか手に入らない青野菜でつくるこの料理を食べてみてほしい。現地では「スップパーアック」と呼ばれている。

Chịt nai xào xả ớt.

11 | 鹿肉のレモングラス炒め

RECIPE - p.048

STORY

「当時の南ベトナムでは、休暇になると父に郊外に連れられて、レストランで鹿肉のステーキをよく食べたものです」

　これはベトナム戦争のころにサイゴンに住んでいた商社マンの娘さんから伺った話。手元にある旧い写真を見ると階級層が馬に乗りライフルを携えて山麓を逍遥する姿が。林芙美子の小説にも登場するランビアン山脈には昔は野生の鹿がいたようだが、いまはすっかり食べられていなくなってしまったようだ。山岳地帯の料理は、魚醤でなく塩で味を決めることが多い。ラオス北部なども同じく、魚醤よりも塩と唐辛子が味の主役となる料理が多いし、東南アジアだからなんでも魚醤、というわけではない様子がわかる料理でもある。

ไส้กรอก

豚肉と香草の
腸詰め

RECIPE - p.048

STORY

とある雨の夜、友人のレストランのスタッフた
ちと一緒にバケツ1杯分の肉ダネを腸詰めした。
雨季は客足が少ないから、こうした手間がかか
る料理の仕込みをしながら過ごすそうだ。繊維
質のレモングラスをたっぷり混ぜ込み、塩気を
強めにした肉ダネは、腸に詰めたら冷蔵庫で3
〜4日くらい寝かせたころがハーブと肉がなじん
でおいしいので、すぐには食べない。

　ペットボトルの口を使ってケーシングする方
法を知ったときは驚いたが、慣れる必要がない
くらい簡単にできてしまうから試してみてほしい
（ペットボトルをカットした切り口に"ささくれ"
がないように十分注意して）。

魚の香草揚げ

RECIPE · p.049

雨季になるとメコン川に注ぐ支流や小川は溢れてしまう。行き場のなくなった水は田んぼに流れ込み、魚も一緒に流れ込む。そうなると農家の人たちは手に網をとり、田んぼを泳ぐフナを獲るのに忙しくなる。

　フナをラードでカラッと揚げる。背中に切り目を入れて、塩で和えたハーブを詰めるのが彼らのやり方だ。詰め込むハーブはレモングラスを主に、ネギ類の香草をいくつか加えるとよい。油をまとってねっとりしたネギが、ふんわり蒸し揚げになった白身魚に合うソースになるから。身が緻密な白身魚は、ラードで揚げると常温でのサーブでもおいしい。

もち米

RECIPE · p.049

ラオス中部の山あいで暮らす大きな農家には、すばらしく立派で年季の入った木の飯台があり、調理器具の中でもいちばん大事に取り扱われていた。

蒸しあがったばかりの熱い米を飯台にあけ、素手で慣らし、ほどよく蒸気を飛ばしておひつに収めるのは、ビッグママとその娘たちの中でも年上の女性の役目。どんなに手の込んだおかずがあったとして、米蒸しのいかんで食卓の完成度が決まると言ってもよい。

もち米を蒸す作業のコツは、レシピというより勘によるところが大きい。手づかみしたときにベタベタとくっつくことがなく、つぶしても米の形が残るくらいに仕上がれば成功だ。冷めて硬くなったら、また蒸し器で温めなおすとよい。

เข้ำ หญ่อ

10

蒸し野菜と生姜の和えもの

材料　6人分

蒸し野菜 ※

　キンジソウ …… 100g

　クレソン …… 80g

　アシタバ …… 100g

　空心菜 …… 100g

ハーブペーストのソース

　A ┌ ニンニク（皮付き）…… 2片

　　├ アカワケギ【02】…… 4個

　　├ 赤唐辛子（生）…… 2本

　　└ ショウガ（薄切り）…… 2片

　ライムの果汁 …… 1個分

仕上げ

　B ┌ 洗いゴマ（白）…… 大さじ 1

　　├ 魚醤 …… 大さじ 1/2

　　└ キビ粗糖【05】…… 小さじ 1/2

　塩 …… 適量

※ セリ、ミツバなどの香味と苦みのある野菜を4種類くらい混ぜるとよい

つくり方

蒸し野菜

❶ 野菜は硬い茎をとり除き、ひと口大に切る。ボウルに入れて混ぜる。

❷ ①を湯気が立った蒸し器で2分間蒸す。ザルに移して完全に冷まし、水気が多い場合は拭きとる。

ハーブペーストのソース

❶ A をアルミホイルに包み、網をのせたガスコンロ（または魚焼きグリル）で弱火で15分間焼く。

❷ 粗熱をとった後、ニンニクとアカワケギは皮をむき、赤唐辛子、ショウガとともにつき臼でペースト状になるまでつぶす。

❸ ②にライムの果汁を加えて和え、ゆるいペースト状にする。

仕上げ

❶ ボウルに蒸し野菜、ハーブペーストのソース、B を合わせ、全体がなじむまで和える。塩を加えて味をととのえる。

11

鹿肉のレモングラス炒め

材料　4人分

鹿肩ロース肉（薄切り）…… 350g

レモングラスの下半分【31】（斜め切り）
　…… 3本

ニンニク（粗みじん切り）…… 2片

赤唐辛子（生／斜め切り）…… 3本

ウコン（粉）…… 少量

　A ┌ 塩 …… 小さじ 1と1/2

　　└ キビ粗糖【05】…… 小さじ 1と1/2

グレープシードオイル …… 大さじ 3

ラウラムの葉【29】…… 適量

つくり方

❶ フライパンにグレープシードオイルを引き、レモングラスの下半分を香りが立つまで中火で2分間炒める。ニンニク、赤唐辛子を加え、中火で30秒間炒める。ウコンを加え、軽くあおる。

❷ 鹿肉を加え、強火で一気に炒める。A を加えて味をととのえる。

❸ 皿にラウラムの葉を敷き、その上に②を盛る。

12

豚肉と香草の腸詰め

材料　24人分

肉ダネ

　豚バラ肉（粗挽き）…… 500g

　豚ロース肉（粗挽き）…… 500g

　A ┌ レモングラス【31】
　　│　 …… 120g（約6本）
　　├ アカワケギ【02】
　　│　 …… 100g（約10個）
　　├ ディルの葉 …… 20g（8〜10枚）
　　└ ニンニク …… 3g（1/2片）

　B ┌ 赤唐辛子（粉）※ …… 14g
　　├ 魚醤 …… 11mℓ（小さじ2強）
　　├ 塩 …… 29g（豚肉の重量に対して2.3%）
　　└ キビ粗糖【05】
　　　　 …… 25g（豚肉の重量に対して2%）

　水 …… 50mℓ

仕上げ

　豚腸（約80cm）…… 4本

　好みのハーブ類

　　ミント …… 適量

　　セリ …… 適量

　　アサツキ …… 適量

※ 辛みの少ないものがよい

つくり方

肉ダネ

❶ A の下準備をする。レモングラスは繊維を断ち切るように粗みじん切りにした後、フード・プロセッサーで細かいみじん切りにする。アカワケギはフード・プロセッサーでみじん切りにする。ディルの葉は粗くきざむ。ニンニクはつぶす。

❷ ボウルに B を合わせて混ぜる。①を加えて和える。

❸ ②に豚のバラ肉とロース肉、水を加え、まとまるまで混ぜる。

13

魚の香草揚げ

材料 4人分

フナ ※（約25cm）…… 1尾

A
- レモングラスの下半分【31】 …… 4本
- アカワケギ【02】…… 5個
- ガランガル【04】…… 3g
- 小ネギ　3g
- アサツキ　5本
- 赤唐辛子（生）…… 3g
- ニンニク（小）…… 1片

B
- 魚醤 …… 大さじ1
- 塩　小さじ2
- キビ粗糖【05】…… 小さじ1

ラード …… 400g

※ アユ、イワナなどで代用できる

つくり方

❶ フナのウロコと内臓をとり除き、流水で洗って水気を拭く。背側の頭から尾まで、中骨の両側に1本ずつ包丁で切り目を入れる。

❷ Aをみじん切りにする。

❸ ボウルに②、Bを入れてよく混ぜ合わせる。

❹ ①のフナの腹と背の切り目に③を詰める。

❺ フライパンにラードを入れて180℃に熱する。④を入れ、表面がきつね色になるまで揚げる（途中で表裏を一度返す）。

❻ ⑤のフナの油をきり、皿に盛る。フライパンに残った香味野菜の油をきり、フナにふりかける。

仕上げ

❶ 豚腸（水洗いして塩を落とし、ほぐしておく）をペットボトルの漏斗（後述）の口にかぶせる。豚腸が外れないように漏斗の口を押さえながら、豚腸1本に対して肉ダネの1/4量を少しずつ詰める（詰めすぎずに豚腸に余裕をもたせる）。肉ダネを詰めたら、全体が均一になるようにしごいて調整する。空気が入った部分は楊枝で穴をあけて抜く。

❷ ①の両端を結び、うずまき状にまとめる。これを4本つくる。

❸ ②を200℃のオーブンで30分間焼く。粗熱をとってから切り分け、好みのハーブ類を添えて提供する。

ペットボトルの漏斗

❶ ペットボトルの口から4〜5cm下の位置でカットし、口のほうを使う（ケガ、混入を防ぐため、ペットボトルはささくれ立たないようにカットする）。

14

もち米

材料 6人分

モチゴメ（長粒種）…… 600g

水 …… 適量

つくり方

❶ モチゴメをボウルなどに入れ、流水で3回ほどゆすぐように洗う（研ぐ必要はない）。濁った水が澄んできたら水をたっぷり注ぎ入れ、4時間以上（最長8時間）浸水する（夏場は冷蔵庫に入れる）。

❷ ①の水気をきり、蒸し器に入れて強火で加熱する。蒸し器に張った水が沸騰したら弱めの中火にし、15分間蒸した後、天地を返してさらに5分間蒸す。

❸ ②の粗熱をとり、飯台に移してうちわで扇ぎながらぬるま湯程度の温度になるまで冷ます。蒸気が飛び、素手で握ってベタベタしない手触りになったらひとまとめにしておひつに入れる。

湖沼・川の章

湖沼や川の周辺地域の料理

自動車が汎く使われるまで、インドシナの物流は舟に頼っていた。一九四〇年ころまで川は大切な道だった。ベトナム人は陸の道も、川の航路もおなじ言葉で呼びならす。メコンには急峻な滝が続なる地帯があり、そこが自然とカンボジアとラオスの国境になった。川筋の村にいくと、今でも美麗なコロニアル建築がひっそりと残っていることがある。

ລາບປະ

15

白身魚のラープ

RECIPE - p.064

STORY

「ラープ」はラオスでいちばん有名といってよい国民のおかず。肉や魚、ときには貝類などのたんぱく質と、5〜6種の葉野菜を濁り魚醤とライムで和えたもので、冠婚葬祭や誕生日、記念日など、お客さまを招くテーブルには欠かせない「ハレ」の料理だ。

ラオス人に「ラープってどういう意味なの？」と聞くと、みんな一様に「幸せ」とか「健康」「うれしい」といった意味合いの料理だと教えてくれる。日本でいったら「大福」のような、名前に料理の要素が見あたらないネーミングなのだ。

魚のラープはテラピアやライギョなどを用いるが、日本ではタイやハタ、ヒラメなど海の中層域を泳ぐ白身の魚が合う。葉野菜はセリ科のものを好みで組み合わせると、味のまとまりがよいラープになる。

แจ่วไข่ปลา

魚卵と根菜ハーブのディップ

RECIPE - p.064

ラオスの家庭を訪ねると「今日はお祝いだから」と、昆虫の詰め合わせセットの揚げものをつくってくださることがある。蛾、コオロギ、セミ、カミキリ、カブトの幼虫などがアソートされた主材料を、レモングラスやガランガル、コブミカンの葉などで香りをつけたたっぷりのラードで揚げる。羽根や甲殻がパリパリと崩れるくらいまで香ばしく揚げるのに30分くらいかかるだろうか。

この魚卵料理も料理法は昆虫の揚げものと同じ。日持ちがするよう、具材をたっぷりのラードで揚げるように炒め、水分をしっかり飛ばして少し強めの塩と濁り魚醬でシンプルに味をととのえる。日本ではタラの卵巣が手に入りやすいが、メコン川のナマズやニゴイの卵でつくる「ジェオ」(p.028参照)には代えがたい。

17 白身魚とプラホックのそぼろ煮

RECIPE - p.064

STORY

カンボジア人のたんぱく質の摂取はそのほとんど
が魚、中でも淡水魚からだといわれる。それはメコ
ン川の氾濫源の窪地にできたトンレサープ湖で獲
れる魚で、大小のフナやナマズ、ライギョなど。淡
水に適応したフグやカマスもいる。
　ゆでたライギョの身を「田麩」のようにほぐし
て、プラホックのだし汁でのばす料理が田舎にあ

る。インドシナでは魚料理といえば焼く、煮る、揚
げる、干すといった仕立てが一般的だが、魚種の
豊富なトンレサープ湖周辺はより多彩な料理があ
る。淡水魚は身がやわらかで淡白なので、粗糖の
こっくりとした甘みとピーナッツの油分が加わると
味のバランスがよい。長粒米と食べる際は、少し
魚醤を加えるとよい。

18

川魚の素揚げ
若いタマリンド添え

RECIPE · p.064

カンボジアの南部にタケオという小さい街がある。昔、日本の自衛隊が駐屯した街だ。

その中心にある湖のそばに1970年代の火災で燃えた市場跡があり、そのままいまは青空市場になっている。電気の設備がないので、市場は朝にはじまり、夕方に終える。午後の強い日差しが和らぐころ、たったいま木からもぎってきたような若いタマリンドを蓮の葉に並べて売る子どもたち。まるでおままごとのような小さな商店だが、彼らはそうして商売の機微を身につける。

タケオは水郷なので、たんぱく質はほとんどが淡水魚だ。あの手この手で焼いたり揚げたりし、多彩なバリエーションが生まれるのは水辺を抱える街ならでは。この料理はその中でも古典的な食べ方で、生のタマリンドをつぶしたディップの渋みと酸味が、くせのないふっくらとした淡水魚の身によく合う。

未熟なサヤでもタマリンドの種は渋みがあるので、丁寧に除くこと。また、つき臼でしっかりペースト状になるまでつぶすと塩がなじむ。

Cá kho thịt ba rọi

| 19 |

鯉と豚肉の
ココナツジュース煮

RECIPE - p.065

「魚と肉を一緒に炊く」という料理法はインドシナ独特なのかもしれない。川魚は、海魚のようなきりっとした味の主張はないけれど、きめ細やかな身に肉の脂を吸い込んでよりふくよかになるし、ココナツジュース煮にするとその繊細なうまみも感じられる。

　メコンデルタ一帯は熱帯だけあり、川の水も生ぬるくなるが、そこで微生物やバクテリアが活発に

なり、有機物をどんどん分解するので川底の泥ににおいが残らない。というより泥のいい香りがするくらいだから、メコンの生け簀で育った魚には臭みがない。「川魚が臭い」というイメージがある日本では知られていない話。

　コイは身や内臓はもちろん、ウロコと皮のおいしい魚だ。ちょっとずつ崩しながら、時間をかけて食べてほしい。

Chuối xanh nấu thịt ba chỉ

20　若いバナナと巻貝の煮もの

RECIPE · p.065

STORY

巻貝、青いバナナ、発酵したエビのペースト。いかにもインドシナらしい食材の組み合わせの掛け合いが生んだ料理だと思う。なにかひとつの味が際立つというよりも、いろんな味が重なり合うイメージを持つとよい。

　北ベトナムの人たちは巻貝が大好きだ。彼らの好む貝は田んぼや小川に棲む淡水の貝で、専門の漁師でなくても、水路や田んぼでじゃぶじゃぶしな

がら貝採りを楽しむ。自分で食べる食料を自身でとる。こういう考えが背景にある土地には、昔の味を残した料理が多いとも思う。

　参考までに、巻貝は日本で調理するならツブ貝かバイ貝がよい。調理用の青バナナは日本人にとっては料理の仕方に悩む食材かもしれないが、加熱したバナナはサトイモのようななめらかな食味がある。クッキングバナナの食べ方の参考になったらうれしい。

川魚の素焼き
熟したタマリンド添え

RECIPE - p.065

STORY

熟したタマリンドの果肉は、ジャムを思わせるう
まみがある。しかし酸味が強いのでそのままでは
食用にならず調味料として活用されるが、中で
もこのソースは、炭火でシンプルに香ばしく素
焼きしたフナやナマズの上品な白身に合う。とく
に骨のまわりのぷりっとした脂身との相性がよい。
　ソースにするには、温めた砂糖水でなめらか
に溶いてタマリンドの酸味を抑え、うまみを立て
るのがクメール人の食べ方。タマリンドの種は
食べられないが、除いてしまうと持ち味が半減
するので丸ごと調理し、食べながら出すとよい。

15

白身魚のラープ

材料 6人分

マダイ（刺身用）…… 200g

ライムの果汁 …… 2〜3個分

塩 …… 2つまみ

濁り魚醤【15】…… 大さじ1

ニンニク（叩きつぶす）…… 5g（1/2片）

山椒（粒／叩きつぶす）※1 …… 20粒

A ※2
[セリ …… 200g
香菜 …… 100g
クレソン …… 120g
ディル …… 5枝分]

ミント …… 1つまみ

もち米粉

モチゴメ（長粒種）…… 適量（1カップが目安）

※1 山椒（粉／2つまみ）で代用できる
※2 セリ科でまとめると味がよい

つくり方

❶ マダイを1cm角に切る。ボウルでライムの果汁、塩と合わせて軽く揉む。

❷ 小鍋に①の汁分を入れ、濁り魚醤、ニンニク、山椒を加えて軽く混ぜる。中火にかけてひと煮立ちさせた後、小鍋ごと氷水にあてて冷ます。ザルで漉す。

❸ 下準備したA（後述）の根を切り落とし、長さ1〜2cmにざく切りにする。

❹ ミントは軸をとり除き、ちぎる。

❺ ボウルで③、④を混ぜ合わせる。

❻ ⑤に①、②を加え、空気を含ませるように和える。

❼ 器に⑥を盛り、もち米粉（後述）をふりかける。

Aの下準備

❶ セリ、香菜は根を1cmほど残して切り落とす。土がついていることが多いので茎と根の間は丁寧に水洗いし、葉はさっと水洗いする。クレソンは根の先を3cmほど切り落とし（ひげがあればとり除く）、全体をさっと水洗いする。ディルは根の先を3cmほど切り落とす（水洗いしない）。

❷ ①のそれぞれの根を濡らしたキッチンペーパーで巻き、ジッパー付きのビニール袋に入れる。冷蔵庫の野菜室に一晩置き、水を吸わせて鮮度を高める。

もち米粉

❶ モチゴメをフライパンで乾煎りし、表面がきつね色になって香ばしい香りが立ったら冷ます。

❷ ①をフードミルで粉状にする。

16

魚卵と根菜ハーブのディップ

材料 4人分

タラの卵巣（生）…… 200g

A
[レモングラスの下半分【31】
（薄い斜め切り）…… 1本
ガランガル【04】（つぶす）…… 1片
コブミカンの葉【08】（粗くちぎる）
…… 2〜3枚
赤唐辛子（生／縦に半割り）…… 1本]

ラード（またはグレープシードオイル）
…… 1/2カップ

濁り魚醤【15】…… 小さじ2

塩 …… 小さじ1/2

つくり方

❶ タラの卵巣の薄皮をとり除き、ほぐす。

❷ 鍋にラードを入れて中火にかけ、Aを香りが立つまで炒める。

❸ ②に①を加え、焦げないように鍋底から返すように炒める。

❹ タラの卵巣に油がなじんだら、濁り魚醤をまわし入れ、全体を和えるように炒める。塩を加えて味をととのえる。

17

白身魚とプラホックのそぼろ煮

材料 4人分

ライギョの水煮

ライギョ …… 400g（約1尾）

コブミカンの葉【08】…… 2枚

水 …… 1000ml

プラホックのだし

プラホック【23】…… 30g

水 …… 500ml

仕上げ

スズメナス【10】…… 50g

ニンニク（粗みじん切り）…… 大1片

赤唐辛子（生）…… 2本

グレープシードオイル …… 小さじ2

ピーナッツ …… 60g

A
[塩 …… 小さじ1
キビ粗糖【05】…… 小さじ2]

ライム（薄切り）…… 1個

時季のハーブなど

セリ …… 適量

白ナス …… 適量

アカシア【01】…… 適量

つくり方

ライギョの水煮

❶ ライギョのウロコと内臓をとり除き、鍋に入るように半分に切る。

❷ 鍋に①、コブミカンの葉、水を入れて中火で加熱する。沸騰したら弱火にし、10分間煮る。

❸ 鍋からライギョをとり出し、粗熱をとる。骨と皮を丁寧にとり除きながら身をほぐす。

プラホックのだし

❶ プラホックを水100ml（分量外）とともにボウルに入れて軽く洗い（プラホックの臭みを除くため）、水を捨てる。

❷ 鍋に①、水を入れて中火で加熱する。沸騰したら弱火にし、3分間煮る。

❸ ②を漉す。

仕上げ

❶ フライパンにグレープシードオイルを引き、スズメナスをニンニク、赤唐辛子とともに弱めの中火で2〜3分間炒める。

❷ つき臼でピーナッツをよくつぶす。

❸ ②にライギョの水煮を加え、混ぜる。

❹ ボウルに①、③、プラホックのだし、Aを入れて混ぜる。

❺ 器に盛り、ライムを散らす。時季のハーブなどとともに提供する。

18

川魚の素揚げ 若いタマリンド添え

材料 4人分

ナマズ …… 2尾

タマリンドのディップ

タマリンド【13】（生の青いサヤ）
…… 100g

A ┌ ニンニク （みじん切り）…… 2 片
  │ 赤唐辛子 （生／輪切り）…… 2 本
  └ アカワケギ【02】…… 3 個
ホーリーバジルの葉【26】…… 1 つかみ
塩 …… 小さじ 1

つくり方

❶ ナマズ （水気を拭く）を 180℃の油 （分量外）で素揚げにする。菜箸で触れて皮目がパリッとしたらバットにとり出し、粗熱をとる。

❷ 皿に①を盛り、タマリンドのディップ （後述）とともに食べるようにすすめる。

タマリンドのディップ

❶ ボウルに水を張り、タマリンドを洗う。タマリンドを包丁で半割りにし、種があればとり除く。ざく切りにする。

❷ つき臼に①を入れ、しっかりとつぶす。A を加え、よく混ぜながらつぶす。

❸ ホーリーバジルの葉を揉む（冷凍の場合はさっとゆでて水気を絞る）。粗いみじん切りにする。

❹ ②に③を加え、よく混ぜながらつぶす。塩を加えて味をととのえる。

19

鯉と豚肉の ココナツジュース煮

材料 6 人分
コイ …… 1 尾 （約 1500g）
豚バラ肉 （塊）…… 600g
A ┌ ココナツジュース【07】…… 600㎖
  │ 醤油 …… 100㎖
  │ 魚醤 …… 大さじ 3
  └ 水 …… 180㎖
香味カラメル
  ラード …… 大さじ 5
  キビ粗糖【05】…… 100g
  パームシュガー【16】…… 大さじ 1
  ショウガ （薄切り）…… 7g
  ガランガル【04】（薄切り）…… 5g
  ニンニク （叩きつぶす）…… 小 1 片
黒コショウ （粗挽き）…… 小さじ 2

つくり方

❶ コイの頭と尾を切り落とし、胆のうをつぶさずにとり除く（ウロコ、胆の

う以外の内臓はとり除かない）。骨ごとぶつ切りにする。

❷ 豚肉を脂の層に対して垂直に高さ 2.5 cm×幅 2.5cm×奥行き 4cm の直方体に切る。

❸ 鍋に A、香味カラメル （後述）を合わせてよく混ぜる。②を加え、弱火で 20 分間煮る。

❹ ③を強火にし、①を加えてアルミホイルで落し蓋をして、煮汁が沸き立つように 25 分間煮る。煮汁が半量になったら弱火にし、焦がさないように注意しながらさらに 25 分間煮る（煮汁がさらに半量になったら仕上がり）。

❺ 皿に盛り、黒コショウを散らす。

香味カラメル

❶ 鍋にラードを入れて中火で加熱する。キビ粗糖、パームシュガーを加え、きつね色になるまで弱めの中火で 2 分間炒める。

❷ そのほかの材料を加え、1 〜 2 分間炒めて香りを引き出す。

20

若いバナナと巻貝の煮もの

材料 4 人分
クッキングバナナ【06】
　…… 中 3 本 （皮をむいた状態で計 200g）
ツブ貝 （刺身用）…… 6 〜 8 個
豚バラ肉 （薄切り）※ …… 150g
A ┌ レモングラスの下半分【31】
  │ 　（みじん切り）…… 60g
  │ ガランガル【04】（みじん切り）
  │ 　…… 4g
  │ ウコン （粉）…… 小さじ 1/2
  │ ニンニク …… 1/2 片
  └ アカワケギ【02】…… 2 個
発酵エビペースト【19】…… 小さじ 1
グレープシードオイル …… 大さじ 3
厚揚げ （ひと口大）…… 140g
水 …… 500㎖
B ┌ 濁り魚醤【15】…… 小さじ 1 と 1/2
  │ 塩 …… 小さじ 1 と 1/2
  └ キビ粗糖【05】…… 小さじ 2
ハイゴショウの葉【17】（半分に切る）
　…… 10 枚
大葉 （粗みじん切り）…… 10 枚

※ 塊肉を好みの厚さにスライスすると味がよくなる

つくり方

❶ クッキングバナナの皮をピーラーでむく。鍋に入れてひたひたの水 （分量外）を注ぎ、中火で 7 〜 8 分間ゆでる。そのまま冷ます。

❷ つき臼で A をつぶす。

❸ ボウルに②、ツブ貝、豚肉を合わせて和える。

❹ 鍋にグレープシードオイルを入れ、発酵エビペーストを弱火で 1 〜 2 分間炒める。

❺ ④に③を加え、混ぜながら中火で炒める。

❻ ⑤に①、厚揚げ、水を加えて弱めの中火で 20 分間煮込む。

❼ ⑥に B を加えて味をととのえる。ハイゴショウの葉を加え、ひと混ぜする。

❽ 深めの皿に盛り、大葉を散らす。

21

川魚の素焼き 熟したタマリンド添え

材料 4 人分
フナ ※ （20cm）…… 2 尾
タマリンドソース
  タマリンド【13】（完熟・ブロック状）
  　…… 60g
  グラニュー糖 …… 50g
  赤唐辛子 （生／みじん切り）…… 2 本
  塩 …… 1 つまみ
  水 …… 200㎖

※ ナマズで代用できる

つくり方

❶ フナのウロコと内臓をとり除く。

❷ ①を魚焼きグリルで素焼きする。皿に盛り、タマリンドソース （後述）を添える。

タマリンドソース

❶ 小鍋にグラニュー糖、水を入れて中火で加熱する。グラニュー糖が溶けたらタマリンド （種ごと）を加え、混ぜながら弱火で 1 分間煮る。

❷ 粗熱をとり、赤唐辛子、塩を加えて混ぜる。

海の章

沿岸地域
ならではの
料理

茫洋とした汽水域が広がり、小さな浮き草の
かたまりが南シナ海に運ばれていく。耳を澄
ませば、ぽんぽんぽんと低い音を奏でる焼
玉エンジンの音。沖合をゆく舟がマングロー
ブの林のかげに消えていく様子を眺めながら、
小さなフォークの柄を器用に使い、蒸した泥
蟹の身をほぐしつまむ。

Cá kho thơm

22 魚のパイナップル炒め煮

RECIPE - p.074

STORY

南シナ海に沿って一本道をオートバイで南下する。青く輝く海、延々と続くサボテンの荒野と禿げ山。

からっとした気候の中南部ベトナムはパイナップルが豊富な土地。おやつや食間の口直しに、あたりまえのように果物を口にする食卓は、いかにも南国らしい。

加えて、海辺のベトナム人はカジキやカツオに

こうした酸味のある果物を加えたおかずも大好きだ。「ご飯のおかずに果物」という組み合わせは、日本なら好き嫌いが分かれるパターンだが、新鮮なパイナップルは魚介のうまみと相性がよい。

うまみのもとになる唐辛子は、「空芯菜とクルーンのスープ」(p.103)同様に「かんずり」(唐辛子味噌)で代用してもよい。

23 | 魚の素揚げ 醗酵大豆だれ

RECIPE · p.074

STORY

この料理はオコゼのほかに、ハタやカサゴなどが合う。でもどんなに高級な魚を使ったとしても、じつは魚醤とパームシュガーがじゅわっと染み込んだショウガのせん切りを食べる料理。

塩漬けし発酵させたカンボジアの大豆調味料とパームシュガーのうまみが染み込んだショウガのせん切りは、できたての熱いところを食べてももち

ろんおいしいし、ちょっと冷まして、丸ごと1尾の魚のゼラチンがまとわりつき、煮こごりになったところを炊きたてのご飯にのせてもよい。

ショウガはよく洗って、くれぐれも皮付きのまません切りにすること。もし、こぶの間についた土がちょっと残ったとしても、皮ごと食べるショウガのおいしさには代えられない。

巻貝のココナツ煮

RECIPE · p.074

STORY

少し前のホーチミン市にはおいしい貝を食べさせる屋台がいくつかあった。

貝は主に海辺で採れるもので、ハマグリやサルボウ貝などの二枚貝、丸い巻貝、長い巻貝、貝の標本にもなりそうなきれいな渦の貝など。貝屋さんの仕入れ先はホーチミンから南に50kmほどのメコンの河口の街で、そこには南シナ海から貝がどっさり送られてくるという。

巻貝をココナツミルクで煮る料理は、そうした貝料理の中でもちょっと小腹が減ったときにうれしい午後のおやつ。ココナツミルクと粗糖のうまみは、塩を少しだけ加えることでより際立つ。民家の軒先でビールのコップを傍らにこの貝料理を食べている姿が目に浮かぶ。

Ốc xào dừa

Cua rang me

25 蟹のタマリンド炒め

RECIPE · p.075

カニを食べると普段よりも幸せが少しだけ増すのはどういうわけだろう。

　南シナ海のマングローブ林に棲む泥ガニをベトナム風のバーベキュー味で食べるのがあの国の食べ方。レストランに行くと小さなテーブルについた恋人たちが、手でカニの甲羅を外して器用に食べている。彼らが好むマッドクラブの和名はノコギリガザミ。日本だと沖縄あたりで養殖されている白身

が緻密で上品な味のカニだ。加えるタマリンドは植物由来のやさしい酸味を持つから、やはり自然のうまみを残すキビ粗糖が相性がよい。

　辛さより香りとうまみが持ち味の粉唐辛子と酢を煮詰めてつくるチリソースはつくり置きせず、つどつくるほうが風味がよい。写真のようにカニにからめてもよいし、ゆでた鶏肉や貝の炒めものにも合う万能調味料だ。

22

魚のパイナップル炒め煮

材料　4人分

白身魚炒め

　カジキ※（ひと口大）…… 250g

　肉厚唐辛子（乾燥）【14】…… 3本

　ニンニク（粗みじん切り）…… 大1片

　塩 …… 小さじ1/2

　グレープシードオイル …… 大さじ1

仕上げ

　パイナップル …… 180g

　ミニトマト …… 150g

　グレープシードオイル …… 大さじ1

A ┌ ベトナム式チリペースト【25】
　│ 　…… 小さじ1
　│ 塩 …… 小さじ1/2
　└ キビ粗糖【05】…… 小さじ1/2

B ┌ アサツキ（ちぎる）…… 5本
　└ 香菜の葉（ざく切り）…… 適量

※ サワラなどの白身魚でも代用できる

つくり方

白身魚炒め

❶ 肉厚唐辛子（乾燥）のヘタと種をとり除き、水100㎖（分量外）に浸けてもどす。水気を絞り、包丁で叩いてペースト状にする。

❷ フライパンにグレープシードオイルを入れて中火にかけ、ニンニクを軽く炒める。

❸ ②にカジキ、①を加え、カジキに火が通るまで炒める。塩を加えてひと混ぜし、バットにとり出す。

仕上げ

❶ パイナップルをつき臼でよくつぶす。

❷ フライパンにグレープシードオイルを入れて中火にかけ、ミニトマトを表面に焦げ目がつくまで炒める。

❸ ②に①、Aを加え、2分間炒める。白身魚炒めを加え、炒めながらひと混ぜする。

❹ 皿に盛り、Bを散らす。

23

魚の素揚げ
醗酵大豆だれ

材料　4人分

オコゼ …… 4尾（計約500g）

発酵大豆【20】…… 90g

ショウガ（皮付き／せん切り）…… 120g

A ┌ ニンニク（みじん切り）…… 小2片
　│ 魚醤 …… 小さじ1
　│ 塩 …… 小さじ1/2
　└ パームシュガー【16】…… 大さじ1

グレープシードオイル …… 大さじ4

ミント …… 適量

つくり方

❶ オコゼの背ビレと腹ビレをハサミで切り落とし、内臓をとり除く。水気を拭きとり、180℃の油（分量外）で皮目がパリッとするまで素揚げにする。

❷ 発酵大豆を水で軽く洗う。

❸ フライパンにグレープシードオイルを入れ、ショウガをややしんなりするまで中火で2分間炒める。

❹ ③に②、Aを加え、混ぜながら3分間炒める。水分が足りないようなら途中で水を大さじ2ほど（分量外）加える。

❺ ④のフライパンの中の具材を隅に寄せ、そうしてつくったスペースに①のオコゼを入れ、弱火で2分間加熱してオコゼに汁気を吸わせる。

❻ 皿にオコゼを盛り、ほかの具材を上からかける。ミントをあしらう。

24

巻貝のココナツ煮

材料　4人分

ツブ貝（殻付き）…… 12個（計約300g）

塩 …… 小さじ1

水 …… 500㎖

レモングラス【31】…… 150g

グレープシードオイル …… 大さじ2

A ┌ ニンニク（つぶす）…… 大1片
　│ 赤唐辛子（生／大きめの輪切り）
　│ 　…… 1本
　│ パンダンリーフ【22】（長さ10cmに切る）
　└ 　…… 1/2本

B ┌ ココナツミルク …… 400㎖
　│ 水 …… 200㎖
　│ 塩 …… 小さじ1
　└ キビ粗糖【05】…… 大さじ3

つくり方

❶ 小鍋に水、塩を入れて沸騰させ、ツブ貝を2分間ゆでる。ザルにとって冷ます。

❷ レモングラスを叩いて繊維をつぶす。縦半分に切る。

❸ 深めの鍋にグレープシードオイルを入れ、弱めの中火にかける。②を加えて3分間炒めた後、Aを加えてさらに2分間炒める。

❹ ③にBを加え、沸き立つ直前まで加熱する（けっして沸き立たせない）。

❺ ④に①を加え、弱火で7〜8分間煮込む。

25

蟹のタマリンド炒め

材料　4人分

ワタリガニ …… 2杯（計約500g）

タマリンド【13】（完熟・ブロック状）
　…… 60g

水 …… 100㎖

A ┌ グレープシードオイル …… 50㎖
　└ 塩 …… 小さじ1/2

チリソース
　ニンニク（粗みじん切り）…… 大1片
　グレープシードオイル …… 小さじ2
　　┌ パプリカ粉 …… 大さじ2
　B │ 米酢 …… 110㎖
　　└ キビ粗糖【05】…… 大さじ3
小ネギ（長さ6cmに切る）…… 10g

つくり方

❶ ワタリガニ（水気を拭く）を200℃の油（分量外）に入れる。上下を返しながら強めの中火で15分間素揚にする。

❷ ①をバットにとって粗熱をとる。甲羅をはがしてガニ（エラ）と口をとり、食べやすい大きさに手で割る（甲羅はとっておく）。

❸ 器（ガラスや陶器などの酸の影響を受けないもの）にタマリンド、水を入れ、タマリンドを水で溶いてなじませる。

❹ フライパンを強火にかけてA、③を入れる。沸き立ったらチリソース（後述）を加え、よく混ぜる。

❺ ④に②を加え、和える。

❻ 皿に⑤のワタリガニを盛る。フライパンに残ったソースを小ネギでからめとり、ワタリガニに添える。②でとっておいた甲羅をあしらう。

チリソース

❶ 小鍋にグレープシードオイルを入れ、ニンニクをきつね色になるまで弱火で炒める。

❷ Bを加え、混ぜながら半量になるまで中火で煮詰める。

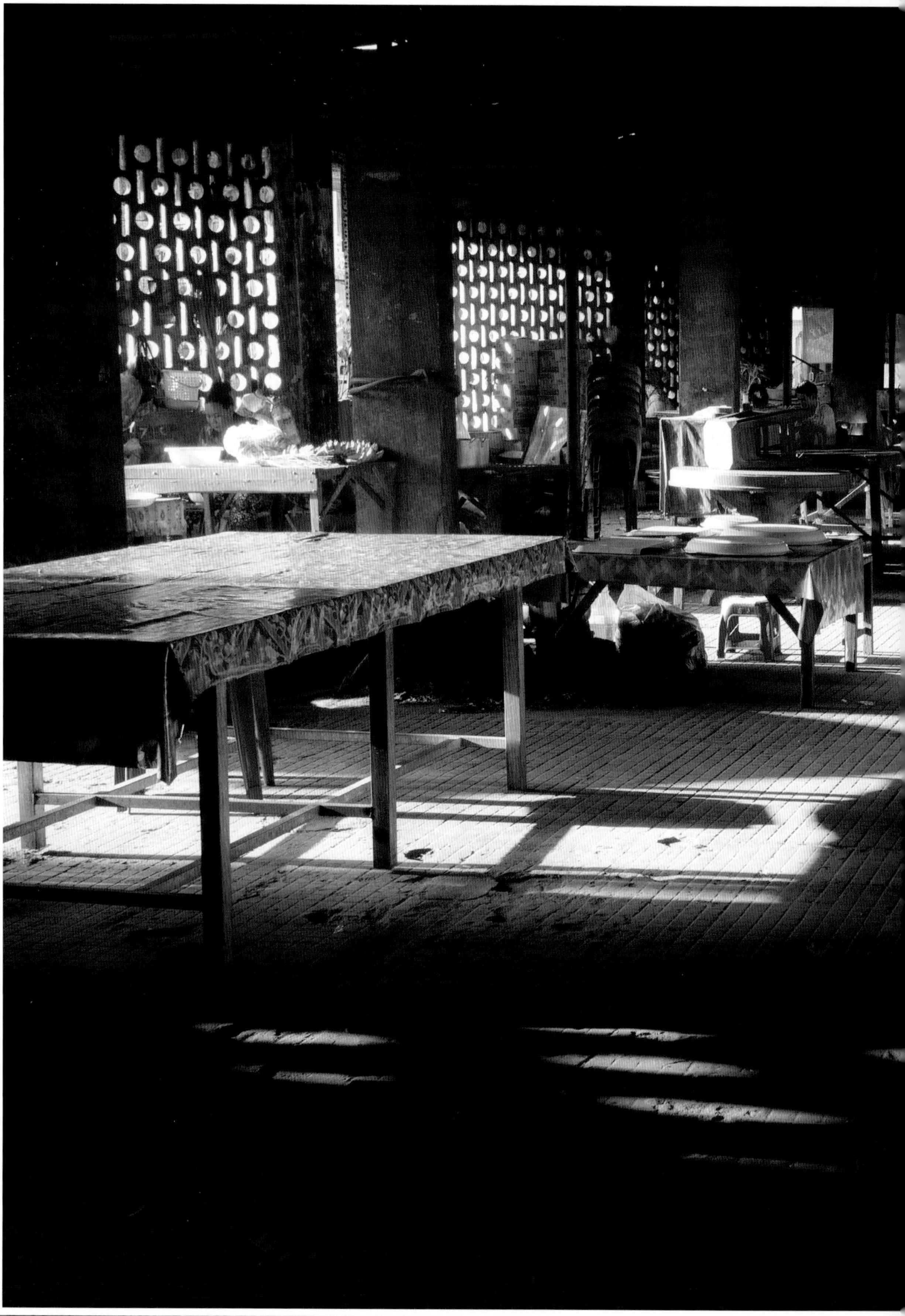

平野部の章

水田地帯や平野部の料理

カンボジアの南に、植民地のころ「鳥の平原」と呼ばれた大地が広がっている。人里はなれた灌木の茂る湿地帯で、今でも白鷺が群れる景色を遠目に見ることができるだろう。方や、鳥の平原をかこむ広範囲なメコンデルタに見渡すかぎり広がる水田は、農民が努力し、生活を築いた「人の暮らし」を象徴する景色だ。

白身魚の香草蒸し

RECIPE · p.088

ラオスできちんと古典料理を習ったのは、このメニューが初めてだった。

ライギョやテラピア、ときには大ぶりのフナやナマズなどの淡水魚をさばいて小さめのひと口大に切り、軸を丁寧にとってきざんだ生ハーブで和えて、几帳面に大きさを切り揃えたバナナの葉で包んで蒸す。5人くらいで手分けしながら、半日くらいかけてつくったように思う。「ラオス料理はひとりでつくることがなく、家族みんなで支度をする」

と料理教室でよくお話するが、それを学んだのもこのとき。

海がなく、魚が高価なラオスでつくる蒸しものは、身はもちろん、骨やウロコ、皮のゼラチン質も余さず使うので、丸ごと1匹の魚のうまさを味わえるのが楽しかった。

「日本はおいしい海の魚がいっぱいいるから、さぞおいしくつくれるね」と言われたけれど、あなたたちのつくる骨っぽい仕上がりが最高です。

蒸し野菜と
二種のたれ

RECIPE - p.088

RECIPE - p.088

STORY

くたっとするくらいに蒸した葉野菜を、味の濃い
ソースにちょんとつけて食べるのは古典的な居
酒屋の風情。新鮮な魚醤とうまみが濃い粗糖が
豊富なインドシナならではの、シンプルだが贅
沢なつまみだ。

　私たちが一等好きな魚醤は、カンボジアの水
上集落で暮らすベトナム人の漁民がつくる自家
製のそれ。でも日本では手に入らないからおす
すめできないので、次においしいと思っている日
本の魚醤をいくつかご案内している。

　島国の日本は、東西南北、獲れる魚ごとにシ
ンプルな材料だけで時間をかけてつくった魚醤
が（それぞれの量は少ないけれど）数多くある
から、東南アジアのものにとらわれる必要はまっ
たくないし、これほど真摯な魚醤を抱えた国も、
世界で珍しいように思う。

　それにしてもうまい魚醤は塩と同じで、それだ
けでつまみになる。

Rau ai luộc

Ốc nhồi thịt hấp

28 巻貝と豚肉の蒸しもの

RECIPE・p.088

すっかりいま風になった南のホーチミンに比べ、北のハノイは昔の作法がわりあいに残っている。食文化も例外ではなく、21世紀になっても昔のインドシナの生活文化から育まれたある意味田舎びた料理が健在だ。

北ベトナムの郷土料理のひとつが、この淡水巻貝の蒸しもの。粗く切った巻貝を混ぜ込んだ肉ダネは、魚醤と粗糖でシンプルに味をつける。ほろっ

と崩れるような食感が素朴だ。現地では日本の稲の食害で知られるジャンボタニシを食用にするが、多くの巻貝は独特のにおいがあるので、臭みを和らげるため必ずレモングラスで味をととのえる。

レモングラスの茎を紐状に割いたところに肉ダネを巻きつけて貝殻に押し込むのも独特。食べるときにレモングラスを引っぱると肉ダネがぽろりととれる親切な仕掛けが、手先が器用なベトナム人らしい。

29 | バナナのつぼみと鶏の蒸しもの

RECIPE - p.089

STORY

骨ごとぶつ切りにした鶏肉に、生ハーブと濁り魚醤を加えて蒸しあげる。バナナハートの渋みと苦みがアクセントだ。好みでココナツミルクを少したらすとふくよかな蒸しものになる。今回はココナツミルクなしに、より古典的な味わいに仕上げた。

インドシナではバナナを葉からつぼみ、果実にいたるまで残さず使うが、それらはあまりに食文化に密着しすぎており、もう誰もその存在をあらためてありがたがることもしない。

でも「バナナの葉で料理を包む」という工程は人によって得手不得手があるらしく、得意な人にとってはちょっとした見せ場となる。この料理を現地でつくるときは決まって包み名人が寄ってたかって手を出し、ああだこうだ言いながら何度も形を整え直そうとするので、結局葉っぱがへたって破れる。この一連のコントのようなやりとりも、レシピの一部である。

蒸しプラホック
ライム風味

RECIPE - p.089

STORY

トンレサープ湖で獲れた大量の小魚が板張りの
床に山になったところに、若者がスコップで粗塩
をふりかける。しばらくして水気が抜けた小魚を
容器に入れ、半年ほど寝かせる。これらはすべ
てが船の中で行われる仕事。

　発酵食品であるプラホックはアジアのアン
チョビとも思える調味料だが、熱帯地方で発酵
させるので香りはかなり強烈。料理に使うときは、
量が多すぎると食べられたものでない仕上がり
になるが、少なくても味わいが出ない。プラホッ
クを使うときは使用量の臨界を知っておくとよい。

　プラホックの香りとライムの酸味。知らないと
かなり強烈な組み合わせにも思えるが、これを
豚の脂が上手にまとめてくれる。蒸したてから少
し置き、ほんのり温かいくらいまで冷ましてから
食べると味がなじむ。

ឆ្ពុកន្សំបុយ

26

白身魚の香草蒸し

<u>材料</u> 8〜10個分

魚肉ダネ

白身魚※1 …… 700g

ホタテ貝柱（生）※2 …… 100g

A
┌ レモングラス【31】（みじん切り）
│ …… 140g（6〜8本）
│ アカワケギ【02】（みじん切り）
│ …… 70g（中8個）
│ 香菜の茎（みじん切り）…… 2株分
│ ディルの葉 …… 3〜4枝分
│ 赤唐辛子（生／みじん切り）※3
└ …… 2本

B
┌ 濁り魚醤【15】…… 小さじ1
│ 塩 …… 小さじ1と1/2
│ （魚肉ダネの重量に対して1%）
│ キビ粗糖【05】…… 小さじ1と
└ 1/2弱（魚肉ダネの重量に対して1%）

鶏卵 …… 中1個

仕上げ

バナナの葉 …… 適量

※1 サワラ、スズキ、タイなどが向き、深海魚でないほうがよい。分量は正味の量。
※2 缶詰でもよい。その場合は汁を含んで100g
※3 一味唐辛子（2つまみ）で代用できる

つくり方

魚肉ダネ

❶ 白身魚の皮、骨、血合いをとり除き、小さめのひと口大に切る。

❷ ボウルに①、ほぐしたホタテ貝柱、Aを合わせ、軽く和える。

❸ ②にB、鶏卵を加え、軽く練りながら混ぜて全体をなじませる。

仕上げ

❶ バナナの葉の表裏を濡らしたキッチンペーパーで軽く拭き、25cm四方に切る（8〜10枚用意する）。表裏を直火で軽くあぶってしんなりさせる。

❷ 魚肉ダネを①の枚数分に等分し、①で包んで楊枝でとめる（p.089の写真、イラスト参照）。

❸ ②を湯気が立った蒸し器に入れ、20分間蒸す。蒸し器に入れたまま粗熱をとり、バナナの葉に包んだまま皿に盛る。

27

蒸し野菜と二種のたれ

<u>材料</u> 4人分

空心菜の茎 …… 1束分

チンゲンサイの茎 …… 3株分

カリフラワー …… 1株

オクラ …… 10本

えび肉ダレ

豚バラ肉（塊）…… 200g

干しエビ【27】（粗みじん切り）…… 40g

A
┌ 魚醤 …… 小さじ1
│ 塩 …… 小さじ1/2
│ キビ粗糖【05】…… 大さじ2
└ 水 …… 50㎖

水溶き片栗粉

片栗粉 …… 大さじ1

水 …… 大さじ2

魚醤卵ダレ

鶏卵 …… 1個

魚醤 …… 大さじ2

つくり方

えび肉ダレ

❶ 豚肉を1cm角のさいの目切りにする。

❷ フライパンを弱めの中火にかけ、①を表面がカリカリになるまで炒める。豚肉をバットにとり出す（フライパンに残った脂は捨てる）。

❸ ②のフライパンを弱めの中火にかけ、干しエビをきつね色になるまで炒める。

❹ 小鍋にAを入れ、中火にかける。沸騰したら②、③を加え、水溶き片栗粉でとろみをつける。

魚醤卵ダレ

❶ 鶏卵をゆで、やや硬めの半熟にする。

❷ ①の殻をむき、ボウルに入れてスプーンで崩す。魚醤を加えて混ぜる。

仕上げ

❶ 野菜を食べやすい大きさに切る。

❷ 湯気が立った蒸し器に①を入れ、3分間蒸す。

❸ ②をえび肉ダレ、魚醤卵ダレとともに提供する。

28

巻貝と豚肉の蒸しもの

<u>材料</u> 4人分

黒バイ貝 …… 5個

黒バイ貝の貝殻 …… 12個

豚バラ肉（塊）…… 150g

レモングラスの葉【31】…… 3本分

レモングラスの下半分【31】…… 10g

A
┌ ニンニク（みじん切り）…… 1/3片
│ コブミカンの葉【08】（みじん切り）
│ …… 1枚
└ 赤唐辛子（生／みじん切り）…… 1/2本

B
┌ 塩 …… B以外の材料の重量に対して1.2%
│ キビ粗糖【05】…… B以外の材料の重量に対して1.2%

つくり方

❶ 鍋に水500㎖、塩小さじ1（ともに分量外）を入れて沸騰させ、黒バイ貝を入れて2分間ゆでる。ザルにとって冷ます。

❷ ①の黒バイ貝から竹串を使って身をとり出す。内臓をとり除き、身の硬い部分だけを粗みじん切りにする。

❸ 豚肉を細かく切り、粘りが出るまで包丁で叩く。

❹ レモングラスの葉を長さ12cmに切り揃え、縦半分に切る。

❺ レモングラスの下半分をみじん切りにする。

❻ ボウルに②、③、⑤、A、Bを合わせ、よく混ぜる。

❼ ④のレモングラスの葉を半分に折り、その折り目を適量の⑥で包み、黒バイ貝の貝殻にレモングラスの葉ごと詰める（すべての貝殻に同様に詰める）。

❽ 湯気が立った蒸し器に⑦を並べ、13分間蒸す。

29

バナナのつぼみと鶏の蒸しもの

材料　4人分
肉ダネ

鶏腿肉（骨付き）…… 500g

バナナハート【21】…… 約40g

A ┌ レモングラス【31】（みじん切り）
　　　　…… 3本

　　小ネギ（小口切り）…… 3本

　　青唐辛子（粗くつぶす）…… 1本

　　アカワケギ【02】（繊維に沿って薄切り）
　　　　…… 3個

　　ガランガル【04】（粗くつぶす）
　　　　…… 1片

　　コブミカンの葉【08】（みじん切り）
　　　　…… 5g（約10枚）

　　ホーリーバジルの葉【26】
　　　　…… 1枝分

　　└ ディルの葉 …… 3枝分

もち米ペースト

モチゴメ（長粒種）…… 大さじ3

水 …… 適量

B ┌ 濁り魚醤【15】…… 小さじ3
　└ 塩 …… 小さじ2

魚醤 …… 小さじ1

仕上げ

バナナの葉 …… 適量

つくり方
肉ダネ

❶ 鶏肉を骨ごとぶつ切りにする（骨を砕かないようにする）。魚醤を揉み込む。

❷ バナナハートの外側の硬い部分を2〜3枚むく。成長前のバナナの実をとり除き、きざむ。変色を防ぐために酢水（水400㎖、酢小さじ2［分量外］）を張ったボウルにとる。

❸ Aを合わせて混ぜる。

❹ ボウルに①、③を合わせて混ぜる。②、もち米ペースト（後述）、Bを加え、混ぜてなじませる。

もち米ペースト

❶ モチゴメをかぶるくらいの水に3時間浸ける。

❷ ①の水気をきり、つき臼でつぶしてペースト状にする。

仕上げ

❶ バナナの葉の表裏を濡らしたキッチンペーパーで軽く拭き、25㎝四方に切る（8〜10枚用意する）。表裏を直火で軽くあぶってしんなりさせる。

❷ 肉ダネを①の枚数分に等分し、①で包んで楊枝でとめる（写真、イラスト参照）。

バナナの葉
肉ダネ
三角に折る

端を内側に折る

さらに内側に折る

先端を楊枝でとめる

❸ ②を湯気が立った蒸し器に入れ、30分間蒸す。蒸し器に入れたまま粗熱をとり、バナナの葉に包んだまま皿に盛る。

30

蒸しプラホックライム風味

材料　4人分
肉ダネ

豚バラ肉（塊）…… 400g

プラホック【23】…… 30g

グレープシードオイル …… 小さじ2

ライムの果汁 …… 2個分

A ┌ ニンニク（みじん切り）…… 1片

　　赤唐辛子（粉）…… 小さじ1/2

　　塩 …… 8g（肉ダネの重量に対して1.5%）

　　キビ粗糖【05】
　　└ …… 8g（肉ダネの重量に対して1.5%）

仕上げ

コブミカンの葉【08】…… 8枚

シシトウ …… 10本

好みの野菜

　キャベツ（ひと口大）…… 適量

　甘唐辛子（ひと口大）…… 適量

　ニンジン（ひと口大）…… 適量

つくり方
肉ダネ

❶ フライパンにグレープシードオイルを引いてプラホックを入れ、香りが立つまで弱火で2分間炒める。

❷ ①を包丁で叩いてペースト状にする。

❸ ②、ライムの果汁を合わせて、フード・プロセッサーにかける。

❹ 豚肉を細かく切り、包丁で叩いて粗挽きにする。

❺ ボウルに③、④、Aを合わせて混ぜ合わせる。

仕上げ

❶ 土鍋に肉ダネ、コブミカンの葉、シシトウを入れ、湯気が立った蒸し器で25分間蒸す。蒸し器内に置いて粗熱をとる。

❷ 好みの野菜とともに提供する。

31

焼きプラホック

RECIPE · p.098

南国の日差しが落ち着き、メコン川から街中に風が吹く夕方になると、大通りの角に炭焼き屋台が出はじめる。淡水魚や鶏の姿焼き、殻ごと焼いた鶏卵と一緒に並ぶのが、バナナの葉で包んだ焼きプラホックだ。

焼いているうちに葉の間からにじみ出る、豚と魚の混ざった脂が焼けるにおいが食欲とビールをそそる。日本のうなぎ屋や焼き鳥屋のように、香りで誘惑する仕掛けがカンボジアにもあるのだと納得するひとときだ。

バナナの葉でタネを包む料理は、葉の厚みにちょっとコツがいる。火が中までほどよく通りつつ、でも脂が溶け出してこぼれないくらい。だいたい葉が3層くらいになるように、具合よくできるまで練習してみるとよい。

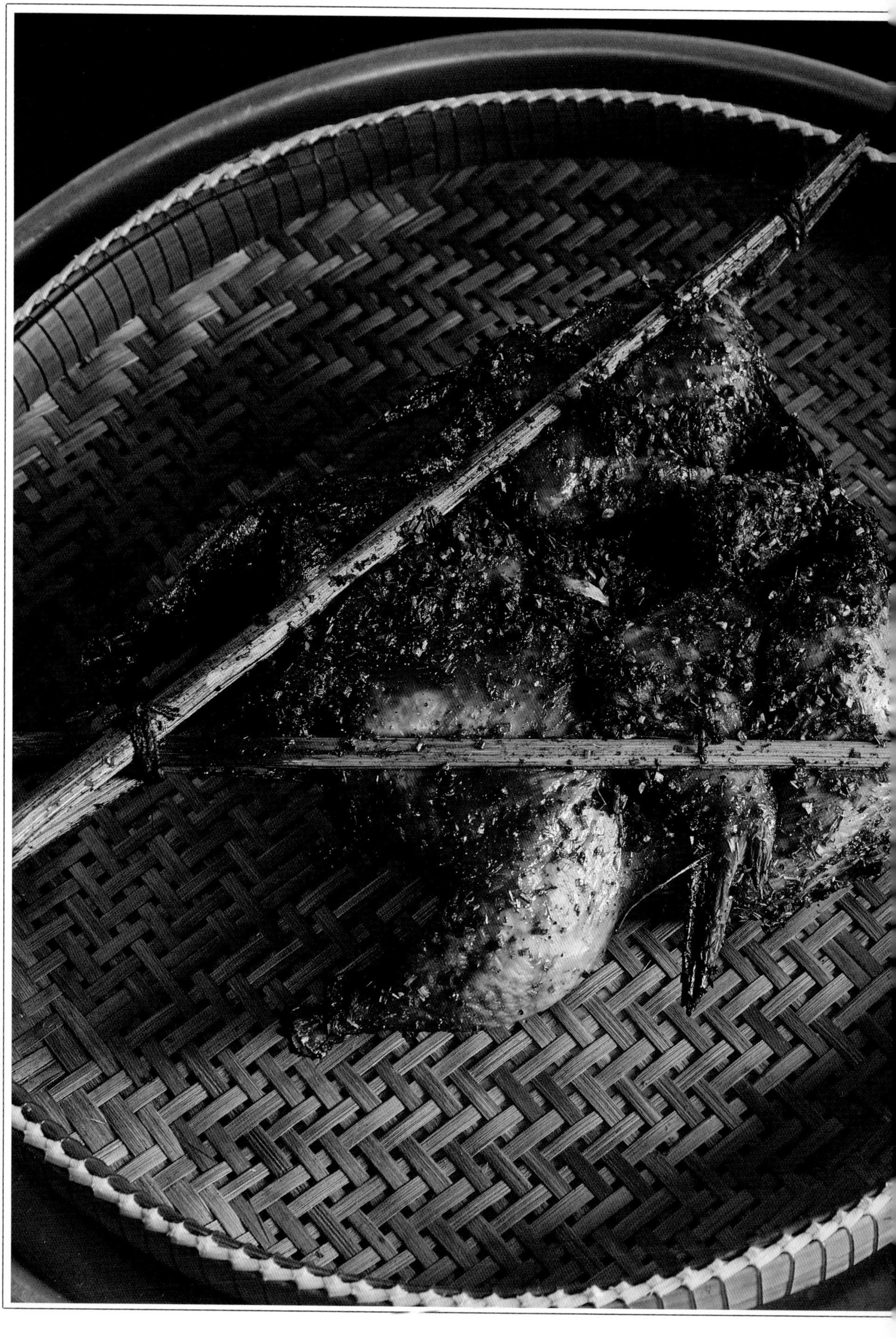

鶏の香草グリル

RECIPE · p.098

STORY

長距離バスで10時間なりの移動をしていると、
停留所や荷物の上げ下ろしでちょっと止まった
隙に、スナックの売り子さんが大挙して乗り込ん
でくる。竹串に挟んで焼きあげた焼き鳥ともち米
のセットは、この手のおやつの花形だ。

　午前中のはまだほの温かく肉がしっとりとして
いるが、夕方のはちょっと疲れていて砂っぽい。
薄暗いゲストハウスでぬるいビールのおつまみと
して食べるには、冷えてくたびれたのも悪くない。

　このレシピは、ラオス南部のメコン川沿いの
街のもの。早朝、川沿いを散歩していたら大き
な鍋で鶏の漬け込みをやっていたので、弟子入
りさせてもらった。たっぷりの粉唐辛子とニンニ
クまでは規定演技だが、そこに黒コショウをま
んべんなくすり込んでいるのが南部らしい。

アヒル卵と瓜の炒め

RECIPE · p.099

STORY

雨季になると、陸地が湖になるほど増水するカンボジアの水郷地帯は、高床式の家が主流だ。水が引いた乾季の軒下は漁具の置き場になり、増水する雨季は竹のいかだが浮かび、アヒルや鶏の住処になる。

高床式住宅の台所は細竹の板張りで、調理の火元は素焼きの七輪と薪。薪は煙が出るから、こうした風通しのいい台所がしっくりくる。

この料理は炒めものといっても強火ではなく、薪の火力をイメージし、中火でゆったり調理するとよい。調味料は最小限にし、鹹蛋（シエンダン）の塩気と魚醤のうまみを生かすのが、市井のおかずらしい。

34

鶏肉と生姜の炒め煮

RECIPE - p.099

STORY

カンボジアのひっそりとした田舎へ行くには、飛行機はもちろん、路線バスすらないことも多く、地元の人たちが乗り合わせるミニバンをつかまえて向かうことがよくある。移動が長時間になると、必ず道端の雑貨屋を兼ねた食堂で休憩をとるのだけれど、カンボジア全土どこへ行っても、そうした食堂のショーケースに並んでいる市井の味。

つくり方を習ったときには、「丸鶏の骨を叩き切る」作業に苦戦した。鶏は叩き割ると骨が粉々に割れて破片が残るので、すっぱり潔く刃を入れないといけない。これがなかなかできなくて、田舎のお母さんに笑われたものだ。

砂糖と油はたっぷり使うので、質のよいものを。また、鶏肉は口に入れたときに舌ですぐ骨に触るくらいの小さめに、ショウガは細めのせん切りにすると、ご飯に混ぜながら食べやすい。毎日の他愛ないおかずほど、見た目の華やかさより「食べやすさ」に気を配っていることが感じられる料理でもある。

ささげ豆の
クルーン炒め

RECIPE - p.099

カンボジアの内陸はベトナムと違い南シナ海からの風が吹かないので暑く、
乾季の間は土も木も乾燥している。雨季がはじまり土地が潤うと丘陵地帯の
ササゲマメのつるが勢いよく伸びはじめる。日本ならたいてい火を入れて料
理するササゲマメは、インドシナでは生でそのまま食べるか、軽い余熱程度
で調理するのが定番。

　レモングラスをごくみじん切りにし、さらに繊維質の硬さがなくなるくら
いまでつぶす手法は、カンボジアならでは。その繊維が細かいものほど上等
だ。繊維質のハーブは思いのほか油をよく吸うので、調理の際は油を多めに。
しんなりするまでしっかり炒めると味も口あたりもよくなる。

សាំងឡាក់ស្ព

31

焼きプラホック

材料 4人分

肉ダネ

プラホック【23】…… 60g

豚バラ肉（塊）…… 400g

スズメナス【10】…… 15g（約15個）

グレープシードオイル …… 適量

クルーン

ウコン（生）【03】 少量

レモングラス【31】（みじん切り）

…… 30g（約2本）

ニンニク（みじん切り）…… 25g（約2片）

赤唐辛子（生）…… 3本

A

アサツキ（小口切り）…… 35g（約10本）

レモングラスの下半分【31】

（幅0.5mmの小口切り）…… 30g（約2本）

タマリンド【13】（完熟・ブロック状）

…… 35g（大さじ2）

コブミカンの葉【08】…… 8枚

ライムの皮（みじん切り）

…… 1/3個分

赤唐辛子（粉）…… 小さじ1/2

B

塩 …… 6.5g

（肉ダネの重量に対して1%）

パームシュガー【16】

…… 10g（肉ダネの重量に対して1.5%）

仕上げ

バナナの葉 …… 3枚

つくり方

肉ダネ

❶ ボウルにプラホック、水200㎖（分量外）を入れて軽く洗い（プラホックの臭みを除くため）、水を捨てる。水洗いしたプラホックを小骨や繊維が崩れるまで包丁で叩く。

❷ 豚肉を細かく切り、粘りが出るまで包丁で叩く。

❸ ①、②を合わせ、混ぜながら包丁で叩く。

❹ フライパンにグレープシードオイルを引き、スズメナスを弱めの中火で2分間炒める。

❺ ボウルに③、④、クルーン（後述）、A、Bを合わせ、混ぜ合わせる。

クルーン

❶ つき臼にウコンを入れ、よくつぶす。

❷ レモングラスを加え、ウコンの色が移るまでしっかりつく。

❸ 残りの材料を加え、つきつぶす。

仕上げ

❶ バナナの葉の表裏を濡らしたキッチンペーパーで軽く拭き、表裏を直火で軽くあぶってしんなりさせる。

❷ 肉ダネを①の中央に10cm×12cmに広げ、包む。これを別の①に葉の向きが垂直になるようにのせ、包む。同様に別の①でもう一度包み、短い辺をそれぞれ楊枝でとめる。

❸ グリルパンに②をのせ、弱めの中火で片面を30分間焼き、表裏を返して10分間焼く。

❹ 皿にのせ、バナナの葉の上面を包丁で切り広げて提供する。

32

鶏の香草グリル

材料 4人分

鶏（中抜き）…… 1羽（700g）

A

レモングラス【31】（みじん切り）

…… 120g（約6本）

ニンニク（つぶす）…… 10g（約1片）

ガランガル【04】（つぶす）

…… 10g（約1片）

黒コショウ（粗挽き）…… 大さじ1

赤唐辛子（粉）※ …… 小さじ1

ソイビーンズソース【12】…… 大さじ1

魚醤 …… 5㎖

塩 …… 7g（鶏の重量に対して1%）

キビ粗糖【05】

…… 28g（鶏の重量に対して4%）

グレープシードオイル …… 大さじ1

※ 辛みの少ないものがよい

つくり方

❶ 鶏を腹から開いて半割りにし、流水でよく洗う。水気を拭きとる。

❷ ①をAとともに厚手のビニール袋に入れ、Aの風味がなじむまで揉み込む。空気を抜いて袋の口を閉じ、冷蔵庫で最低6時間〜最大2日間寝かせる。

❸ ②の鶏（表面にAをまとわせたまま）を開いた状態を保つように竹の棒で挟んで固定し、180℃のオーブン（予熱しない）で35〜40分間焼く。オーブン内に約30分間置いて粗熱をとる。

❸ 蒸したもち米や香菜、小ネギ、ミント、ライムなどとともに提供する。

33

アヒル卵と瓜の炒め

<u>材料</u> 4人分
豚バラ肉（塊）…… 200g
ウリ※ …… 250g
塩漬け卵【09】（生／卵黄）…… 1個
鶏卵（溶きほぐす）…… 3個
ニンニク（つぶす）…… 小2片
パームシュガー【16】…… 小さじ2
グレープシードオイル …… 大さじ2
魚醤 …… 大さじ1

※ ズッキーニや白瓜で代用できる

つくり方
❶ 豚肉を細かく切り、粘りが出るまで包丁で叩く。
❷ ウリの表面を包丁で削って皮をむく（皮の硬い部分をとり除けばよい）。種があればとり除き、食べやすい大きさに切る。
❸ フライパンにグレープシードオイルを入れて弱めの中火にかけ、パームシュガーをやや焦げ色がつくまで1分間炒める。
❹ ③に①、ニンニクを加え、中火で2分間炒める。
❺ ④に②を加え、中火で5～10分間炒める。
❻ ⑤に塩漬け卵、鶏卵を加え、中火で2分間炒める。魚醤を加えて味をととのえる。

34

鶏肉と生姜の炒め煮

<u>材料</u> 6人分
鶏肉（ひと口大）
　腿肉 …… 250g
　胸肉 …… 250g
　手羽中 …… 8本
ショウガ（細めのせん切り）…… 170g
水 …… 大さじ1
A｜ レモングラス【31】（斜め薄切り）
　　…… 1本
　｜ ニンニク（みじん切り）…… 小2片
　｜ コブミカンの葉【08】…… 2枚
　｜ ウコン（粉）少量
B｜ 魚醤 …… 小さじ2
　｜ 塩 …… 小さじ1
　｜ パームシュガー【16】…… 小さじ2
グレープシードオイル …… 大さじ3
小ネギ（長さ5cmに切る）…… 4本

つくり方
❶ 鍋にグレープシードオイルを入れ、鶏肉、Aを中火で5分間炒める。
❷ ①にショウガ、水を加え、ひと混ぜする。Bを加え、よく混ぜながら弱めの中火で15分間炒める。
❸ 火を止め、小ネギを散らす。

35

ささげ豆のクルーン炒め

<u>材料</u> 4人分
豚肩肉（塊）…… 400g
ササゲマメ（長さ5cmに切る）…… 7～8本
クルーン
　ウコン（生）【03】少量
　ガランガル【04】…… 5g
　レモングラス【31】（小口切り）
　　…… 6本
　アカワケギ【02】…… 3個
　ニンニク …… 1片
　赤唐辛子（生）…… 2本
肉厚唐辛子（乾燥／縦に半割り）【14】
　…… 1本
ラード …… 大さじ4
A｜ 魚醤 …… 小さじ2
　｜ 塩 …… 小さじ1
　｜ キビ粗糖【05】…… 小さじ1
　｜ パームシュガー【16】…… 大さじ1

つくり方
❶ 豚肉を厚めの小間切りにする。
❷ 鍋にラードを入れて弱めの中火にかけ、クルーン（後述）を5分間炒めて脂分をなじませる。
❸ ②に①、肉厚唐辛子（乾燥）を加え、弱めの中火で15分間炒める。水分が足りないようなら途中で水を少量（分量外）加える。
❹ ③にAを加えて味をととのえる。
❺ ④の火を止め、ササゲマメを加えてさっと和える。
クルーン
❶ つき臼にウコン、ガランガルを入れ、よくつぶす。
❷ レモングラスを加え、ウコンの色が移るまでしっかりつく。
❸ 残りの材料を加え、つきつぶす。

36

豚肉のクルーン炒め

RECIPE - p.108

アンコールワットの回廊にはヒンドゥー教の神々と仏教の教えの双方が描かれている。カンボジアがインド文化圏の東の外れにあるからだ。南アジアにおいてヒンドゥー教の祈願に用いるウコンは、カンボジア料理でも欠かせない香辛料となる。

この料理は、ウコンやレモングラスなどの生のハーブを砕き混ぜたクルーン（p.096 参照）というペーストを用いる、カンボジアのスパイス炒めのよ

うなもの。クルーンづくりが上手にできるかどうかが、料理の仕上がりを左右するといってよいし、丁寧につくったクルーンは市場でも上等に扱われる。

レモングラスやウコンは繊維質で油をよく吸うので、炒めものというにはだいぶ多い量の油が入る。クルーンを炒めていて焦げるようなら、分量以上の油を注ぎ足していくとよい。料理が仕上がったときにうっすらと油が浮かんでいるくらいが適量。

37 空心菜とクルーンのスープ

RECIPE - p.108

STORY

少し年配の人なら日本の文民警察官がカンボジアで殉職した事件を覚えているだろう。1990年代のカンボジアは内戦の影響で暮らしの全般がすっかりだめになっていた。

首都プノンペンでも人々の食事は質素で、鶏の丸焼きや牛肉の塊肉などまったくなかった。では庶民が何を食べていたかというと、香草や野菜を少しの肉や魚と煮込んだ汁もの。当時のカンボジアは味の薄い汁料理ばかりだったが、あの汁料理がカンボジアの味の原点だと気づいたのは、そのあとしばらくしてからだった。

日本ではあまりなじみのない食べ方だが、空心菜の葉は苦いので、必ず茎だけを使いたい。唐辛子は辛みではなくうまみの食材と心得て、肉厚の辛みが弱い種類を使うとよいし、レシピの塩味を調整したうえで「かんずり」(唐辛子味噌)で代用してもよい。

豚肉と
川エビの炒め煮

RECIPE - p.109

STORY

ずいぶん昔の話になるが、私が若いころは「ニョクマム」、もっとベトナム語に近い発音では「ヌックマム」と呼ばれる魚醤は日本には輸入されていなかった。だから自分でベトナム料理をつくるときは中国の魚露（ユイルゥ）を使っていた。

　日本を覆った冷害の影響で米不足になり、急遽タイからインディカ米が輸入され、ブレンド米として販売されていた時代のころの話である。

　この料理は最初に、豚肉の脂を出しきるまで鍋の中で根気よく炒めるとよい。砂糖が肉にまとわりつき、ちょっと焦がしたようなカラメルになったところも、現地らしい味わいだ。

Bép rang thịt ba rọi

39 蓮の茎と豚肉の炒め

RECIPE - p.109

STORY

カンボジア南部の沼沢地帯には蓮池が多い。雨季に入ると池は水位を上げ、葉が茂る。乾季には水が引き、葉は少しばかりしおれる。紅の花を咲かせた蓮池をゆっくり漕いでいく舟が見える。20本ほどの茎を束ねて藁で結わってあるのは、これから市場に届ける蓮だろう。

カンボジアでは蓮の葉、花、つぼみ、茎、種の

すべてを食用にする。小舟を操り蓮を採りに行くのは婦人か老人だ。土手から人の動き、舟の動きを見るのも楽しい。

この料理は炒めものだが、強火で炒めつけて短時間で仕上げるよりは、中火で少し時間をかけて水分がじんわり具材に染み入るくらいに仕上げるのが現地らしい。

バナナのつぼみと鶏肉のスープ

RECIPE - p.109

STORY

カンボジア料理はアンコール王朝を築いたクメール人の伝統料理と、16世紀以降に断続的に移入した華人の影響を受けた料理の二系列があることは日本では知られていない。

発酵調味料のプラホック（p.086 参照）を多用するのはクメール人の料理の特徴だ。この汁料理はバナナのつぼみを鶏肉や魚と一緒に煮込む。バナナのつぼみは酸性の強い灰汁があるので汁が白濁するが、その薄く濁った汁がおいしさにつながる。南方中華でもバナナのつぼみを食べる習慣があるが、こうした汁料理はインドシナ諸国ならではだ。

プラホックを汁料理に使うときは、ただ加えただけだと発酵臭が残るので、加えてから軽く煮立て、香りが落ち着いたところで味見をすること。カンボジアの汁料理はあまり塩味を強くせず、やさしい味で仕上げることも覚えておくとよい。

36

豚肉のクルーン炒め

<u>材料</u> 6人分

豚肩ロース肉（塊）…… 500g

スズメナス【10】…… 140g

肉厚唐辛子（乾燥）【14】…… 5本

クルーン …… 100g

　ウコン（生）【03】　少量

　ガランガル【04】…… 5g

　レモングラスの下半分【31】

　　（みじん切り）…… 10本

　ニンニク …… 大1片

　ピーナッツ …… 15g

　パプリカ粉 …… 大さじ1

コブミカンの葉【08】…… 12枚

水 …… 大さじ3

A ┌ 魚醤 …… 小さじ2
　├ 塩 …… 小さじ2
　├ キビ粗糖【05】…… 小さじ1
　└ パームシュガー【16】…… 大さじ1

ホーリーバジルの葉【26】…… 1つかみ

グレープシードオイル …… 大さじ7

つくり方

❶ 豚肉を厚めの小間切りにする。

❷ 肉厚唐辛子（乾燥）のヘタと種をとり除き、ひたひたの水（分量外）に浸けてやわらかくなるまでもどす。水気を軽く絞り、包丁で叩いてペースト状にする。

❸ フライパンにグレープシードオイル（分量外）を引き、スズメナスを中火で1〜2分間炒める。

❹ 鍋にグレープシードオイル（大さじ5）を入れ、クルーン（後述）、コブミカンの葉を弱めの中火で3分間炒める。

❺ ④に①、②、③、水を加え、中火で5分間炒める。

❻ ⑤にグレープシードオイル（大さじ2）を加え、中火で15分間炒め煮にする。

❼ ⑥にAを加えて味をととのえる。

❽ ⑦にホーリーバジルの葉を加え、混ぜ合わせる。ひと煮立ちさせる。

クルーン

❶ つき臼にウコン、ガランガルを入れ、よくつぶす。

❷ レモングラスを加え、ウコンの色が移るまでしっかりつく。

❸ 残りの材料を加え、つきつぶす。

37

空心菜とクルーンのスープ

<u>材料</u> 4人分

牛肩肉（塊）…… 400g

空心菜の茎（ざく切り）…… 3束

クルーン

　ウコン（生）【03】　少量

　ガランガル【04】…… 4g

　レモングラス【31】（小口切り）

　　…… 6本

　ニンニク（粗みじん切り）…… 2片

　赤唐辛子（生）…… 2本

プラホック【23】…… 15g

肉厚唐辛子（乾燥）【14】…… 7〜8本

タマリンド【13】（完熟・ブロック状）

　…… 大さじ3

水 …… 100㎖

A ┌ 魚醤 …… 小さじ2
　├ 塩 …… 小さじ1
　└ パームシュガー【16】…… 大さじ1

水（煮込み用）…… 500㎖

ラード …… 大さじ3

ライム（くし形切り）…… 1個

つくり方

❶ 牛肩肉を厚めの小間切りにする。

❷ ボウルにプラホック、水100㎖（分量外）を入れて軽く洗い（プラホックの臭みを除くため）、水を捨てる。水洗いしたプラホックを小骨や繊維が崩れるまで包丁で叩く。

❸ 肉厚唐辛子（乾燥）のヘタと種をとり除き、ひたひたの水（分量外）に浸けてやわらかくなるまでもどす。水気を軽く絞り、みじん切りにする。

❹ 器（ガラスや陶器などの酸の影響を受けないもの）にタマリンド、水を入れ、タマリンドを水で溶いてなじませる。

❺ 鍋にラードを入れて中火にかけ、クルーン（後述）を炒める。

❻ ⑤に①、②、③、④を加え、混ぜながら弱めの中火で5〜10分間炒め煮にする。

❼ ⑥にA、水（煮込み用）を加えて味をととのえる。空心菜の茎を加え、5分間煮込む。

❽ ライムを添えて提供する。

クルーン

❶ つき臼にウコン、ガランガルを入れ、よくつぶす。

❷ レモングラスを加え、ウコンの色が移るまでしっかりつく。

❸ 残りの材料を加え、つきつぶす。

38

豚肉と川エビの炒め煮

材料　4人分
豚バラ肉（塊）…… 600g
川エビ（生）…… 15 〜 20 尾
パームシュガー【16】…… 大さじ 1
肉厚唐辛子（乾燥）【14】…… 大 1 個
A ┌ 魚醤 …… 大さじ 1/2
　│ 塩 …… 小さじ 1 と 1/2
　└ キビ粗糖【05】小さじ 1
小ネギ（小口切り）…… 5 本
魚醤 …… 大さじ 1/2
黒コショウ（粗挽き）…… 適量
グレープシードオイル …… 大さじ 4

つくり方
❶ 豚肉を脂の層に対して垂直に高さ 4cm×幅 1cm×奥行き 1cmの直方体に切る。
❷ 肉厚唐辛子（乾燥）のヘタと種をとり除き、縦半分に手で割る。
❸ フライパンにグレープシードオイル（大さじ 2）を入れて中火にかけ、川エビを炒める。赤く色づき、表面がパリッとしたらバットにとり出す。
❹ ③のフライパンにグレープシードオイル（大さじ 2）を入れて弱めの中火にかけ、パームシュガーを薄い焦げ色になるまで炒める。
❺ ④に①、②、A を加え、糖分がやや焦げるとともに全体に照りが出るまで中火で 15 分間炒める。
❻ ⑤を弱めの中火にし、③を加えて 10 分間炒め煮にする。
❼ ⑥に魚醤をまわし入れ、小ネギを加えて軽く混ぜる。
❽ 器に盛り、黒コショウをふりかける。

39

蓮の茎と豚肉の炒め

材料　4人分
豚バラ肉（塊）…… 300g
ハスの茎（瓶詰／酢漬け）【18】…… 240g
ニンジン（細切り）…… 15g
ニンニク（つぶす）…… 小 2 片
パームシュガー【16】…… 大さじ 1
A ┌ 魚醤 …… 小さじ 2
　└ 塩 …… 小さじ 1
グレープシードオイル …… 大さじ 3

つくり方
❶ 豚肉を厚さ 3mmに薄切りにする。
❷ ハスの茎を流水でよく洗い、揉んでやわらかくする。
❸ フライパンにグレープシードオイルを入れて弱めの中火にかけ、パームシュガーをやや焦げ色がつくまで 1 分間炒める。
❹ ③に①、ニンニクを加え、弱めの中火で 3 分間炒める。
❺ ④に②、ニンジンを加え、弱めの中火で 5 分間炒める。
❻ ⑤に A を加えて味をととのえる。

40

バナナのつぼみと鶏肉のスープ

材料（4 人分）
鶏肉（胸肉、腿肉／ひと口大）　計 250g
ナマズ …… 1 尾（280g）
バナナハート【21】…… 1 個（500g）
プラホックのだし
　プラホック【23】…… 10g
　水 …… 100㎖
A ┌ ガランガル【04】…… 7g
　│ コブミカンの葉【08】…… 5 枚
　│ ライムの皮 …… 1/4 個分
　│ 赤唐辛子（生）…… 小 1 本
　└ 水 …… 700㎖
B ┌ 魚醤 …… 小さじ 1
　│ 塩 …… 小さじ 2 と 1/2
　└ キビ粗糖【05】…… 小さじ 2

つくり方
❶ ナマズの頭と尾を切り落とし、内臓をとり除く。骨ごと幅 2cmにぶつ切りにする。
❷ バナナハートをざく切りにし、外側の硬い部分、成長前のバナナの実をとり除く。変色を防ぐために酢水（水 1500㎖、酢大さじ 2［分量外］）を張ったボウルにとる。
❸ 鍋に A を入れ、中火で加熱して沸騰させる。
❹ ③に鶏肉、①、プラホックのだし（後述）を加え、弱めの中火で 15 分間煮込む。
❺ ④に②、B を加え、弱めの中火で 5 分間煮込む。
プラホックのだし
❶ 鍋に材料を入れて中火で加熱する。沸騰したら弱火にし、3 分間煮る。
❷ ①を漉す。

41 アヒル卵とプラホックの蒸しもの

RECIPE - p.114

STORY

　私たちがもし、なにか農産物・畜産物を育てて商売する技術があるとしたら、まずアヒルに手をつけると思う。アヒルの卵は日本では手に入りにくいが、そのおいしさは鶏卵とまったく別ものだから。

　インドシナでは家禽としてアヒルを育てる生活文化が色濃いことから、鶏卵と並びアヒルの卵を用いる料理が多い。味はやや濃厚で、鶏卵なら3個食べ

たくなるところを、アヒルの卵なら2個でよいかなと思える味だ。

　ラードをたっぷり含む豚バラ肉を包丁で丁寧に叩いてつくるこの料理は、チューブ入りのラードを使うのとは違ううまみがある。その昔、インドシナでは脂のほうが肉よりも値段が高かった時代もあるし、脂はとにかくうまい食べものだ。

42 茄子と豚肉の炒め煮

RECIPE - p.114

STORY

本書には、材料として「挽き肉」が出てこない。挽き肉が悪いというわけではまったくないが、インドシナの家庭では（結局挽き肉状になる料理も）すべて家庭で塊肉を叩いてその状態にしてつくっているから、私たちもそうしている。

　ナスと豚肉の組み合わせは日本のおかずでも定番だし、どうひねってもそれなりのおいしさにまとまってくれる、家庭の古典料理らしいメニューだと思う。東南アジアの料理に抵抗があるとか、家族があまり食べないからなんとなくつくりにくいという人は、まずこれをつくってみてもよいかもしれない。ナスは、豚バラ肉の脂を余さず受け止めてくれるような肉厚のものがよい。魚醤のうまさが決め手なので、初めての人ほど、質のよい魚醤で！

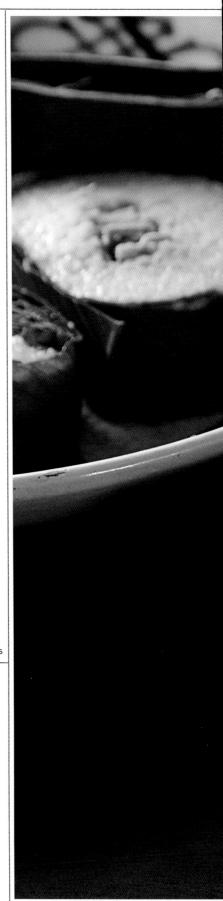

旧正月の茹でちまき

RECIPE · **p.115**

RECIPE · p.115

STORY

正月が近くなると人々は浮き足立ち、気もそぞろになる。カンボジアのトン
レサープ湖には何千人というベトナム人が住んでいる。パジャマ姿のご夫
人、おばあさん、子どもたちが一軒の船家に集まり、役割分担をして粽をつ
くる。バナナの葉でくるみきっちりと縛るのは、保存性が高まるから。

　湖の上にこしらえたいかだにドラム缶を固定した窯で薪を焚く。そこにか
けた鉄鍋に湯を沸かしたら、粽を入れて一晩ゆでるのが田舎のやり方。豪
快に燃える焚き火が、旧正月のはじまりをあおるようでわくわくする。豚脂
の組織がすっかりやわらかくなるまで長い時間加熱し脂のうまみが染み込ん
だ粽は、年に一度のごちそうだ。

　大晦日から元旦にかけては、年越しの爆竹が鳴り響く。ベトナムでは
1993年に禁止されたが、ここではまだ健在だ。一晩中続く陽気なカラオケ
の歌声もベトナムの旧正月らしい。

Banh tét

41

アヒル卵と
プラホックの蒸しもの

材料　4人分

プラホック※【23】…… 60g

豚バラ肉（塊）…… 400g

A ［ ニンニク（みじん切り）…… 小 2 片
　 赤唐辛子（生）…… 1 本

B ［ 卵白 …… 3 個分
　 塩漬け卵【09】（生／卵黄）…… 1 個
　 アカワケギ【02】（薄切り）…… 3 個
　 パームシュガー【16】
　　 …… 大さじ 1 と 1/2
　 水 …… 80mℓ

卵黄（ほぐす）…… 3 個分

※ 米糠が入っていないもの。米糠入り
の場合は水で洗って糠を除く

つくり方

❶ プラホックを包丁で叩いてペースト
状にする。

❷ 豚肉をさいの目切りにし、粘りが出
るまで包丁で叩く。

❸ まな板で①、②、A を合わせ、包丁
で叩きながら混ぜる。

❹ ボウルに③、B を入れてよく混ぜる。

❺ 耐熱容器に④を入れ、湯気が立った
蒸し器で強めの中火で 5 分間蒸す。耐
熱容器に卵黄を流し込み、さらに 30 分
間蒸す。粗熱をとる。

❻ 器ごと提供する。

42

茄子と豚肉の炒め煮

材料　4人分

豚バラ肉（塊）…… 280g

ナス …… 500g（中 6 本）

アサツキ（長さ 5cmに切る）…… 5 本

ニンニク（粗みじん切り）…… 小 2 片

パームシュガー【16】…… 大さじ 1

A ［ 魚醤 …… 小さじ 2
　 塩 …… 8g

グレープシードオイル …… 大さじ 1

つくり方

❶ 豚肉をさいの目切りにし、粘りが出
るまで包丁で叩く。

❷ ナスの表面を直火でしっかり焼く。
粗熱をとり、皮をむいて食べやすい大
きさに手で割く。

❸ 鍋にグレープシードオイルを入れて
中火にかけ、パームシュガーを 30 秒間
炒める。

❹ ③に①、ニンニクを加え、中火で 5
分間炒める。

❺ ④に②を加え、混ぜながら中火で 5
分間炒める。

❻ ⑤に A を加えて味をととのえる。火
を止め、アサツキを散らす。

43

旧正月の茹でちまき

材料 2本分
モチゴメの下準備
　モチゴメ …… 1000g
　塩 …… 10g
緑豆の下準備
　緑豆【30】（皮なし）…… 250g
　塩 …… 3g
仕上げ
　豚バラ肉（塊）…… 300g
　魚醤 …… 大さじ1
　バナナの葉 …… 大3枚

つくり方
モチゴメの下準備
❶ モチゴメをボウルなどに入れ、流水で3回ほどゆすぐように洗う（研ぐ必要はない）。濁った水が澄んできたら水をたっぷり注ぎ入れ、6時間浸水する。
❷ ①の水をきり、塩を加えてよく混ぜる。
緑豆の下準備
❶ 緑豆を8〜12時間浸水する。
❷ ①を流水でよく洗い、鍋に入れる。緑豆がかぶる程度の水（分量外）を加え、中火で15分間煮る。
❸ ②の粗熱をとり、塩を混ぜながらペースト状にする。

仕上げ
❶ 豚肉を脂の層に対して垂直に高さ3cm×幅3cm×奥行き25cmの棒状に切る。魚醤をまぶす。
❷ バナナの葉の表裏を濡らしたキッチンペーパーで軽く拭き、表裏を直火で軽くあぶってしんなりさせる。葉を中央の葉脈に沿って2等分し、1/2の大きさの葉を6枚つくる。
❸ ②の1/2の大きさの葉3枚を重ね合わせて60cm四方に広げ、その中央に下準備したモチゴメを30cm四方に広げる。モチゴメの中央に幅10cmの帯状に下準備した緑豆をのせ、その中央に①の豚肉を直線状に並べる。豚肉を芯にして筒状に巻き、バナナの葉の両端を折り込んで周囲を紐で縛る（これを2本つくるため、材料はすべて分量の半量を使う）。
❹ 鍋にたっぷりの水（分量外）を張り、塩（塩分濃度0.7%［分量外］）を加える。③を入れ、蓋をして加熱する。沸騰したら弱めの中火にし、6時間ゆでる。そのまま冷ます。
❺ 鍋からとり出してザルにとり、3〜6時間置いて水気をきるとともにモチゴメを落ち着かせる。バナナの葉ごと輪切りにして提供する。

44

牛肉とパイナップルの煮込み

RECIPE - p.120

「ブッフ・ブルギィニョン」（牛肉の赤ワイン煮）を、ワインなしに昇華させたのがこの料理。酒でなくパイナップルでうまみを出すのは、ベトナムがフランス領インドシナの一国だったころの南国らしいやり方。宗主国であったフランスは、メコン流域で栽培した米を「サイゴン米」の名で世界に輸出したため、その輸出拠点となったベトナム南部は米で経済が潤った。一部の富裕層は、食べものにもフランス風を早くからとり入れたのだ。

映画『愛人／ラマン』でジェーン・マーチがサデックの夜の食卓でさびしく食べていたのはこういう料理かもしれない。今回はかつての宗主国のおもかげと南国らしさに思いを馳せ、ワインとパインの双方を使うレシピにした。

Bò kho

ナマズとクルーンの蒸しもの

RECIPE - p.120

117

STORY

レモングラスやウコンといった南国ハーブは繊維質が強く、細かく切る、叩く、つぶすといった手間を十分にかけないと食べられない。また、乾燥唐辛子は水に浸してふやかし、だしをじっくりとりたい。それらを準備し、やっと、と思ったところでバナナの葉をとり出し、器用に舟形をつくりはじめる。

こうした一連の料理はひとりではなく、家族やご近所さんと一緒につくり、できあがったらみんなで分けて食べる。冷蔵庫のない南国では日持ちもしないから、たくさんつくりすぎてもいけない。家庭料理のプロフェッショナルが求められる料理だ。

ココナツミルクとハーブ類がよくなじむよう、またバナナの葉の香りを具材に浸透させるため、意外に長い時間蒸し、粗熱がとれるまでなじませてからいただくとよい。さっと仕上げて熱々をいただく街中の料理とは違った趣だ。

Vịt nướng chao

アヒルの
腐乳ロースト

RECIPE - p.121

STORY

「鴨の丸焼き」は、いかにも中国料理のイメージ
があるかもしれない。インドシナにこの料理が定
着したのは、中国の王朝が明から清に変わった
ころ、インドシナ半島の南部に多く移住した華
人がもたらしたという事情がある。華人の流入
は1940年代はじめまで続いたが、この間に皮蛋
や腐乳といった中華食材が持ち込まれたことで、
メコンデルタの食文化にはこうした中華を思わ
せる味が定着した。

　ベトナム北部では麹を塗って鴨を焼くが、南
部の腐乳を使ったそれは、植物由来のたんぱく
質が発酵した調味料独特の香りが立ち、肉質の
しっかりした鴨によく合う。下味用のソースに入
れるレモングラスと赤唐辛子の油炒めは、ベト
ナム版の「食べるラー油」だと思えばわかりや
すいし、焼き鴨以外の料理にも好みでアレンジ
したらよいと思う。

44

牛肉とパイナップルの煮込み

材料 6人分

牛肉

　バラ肉（ひと口大）…… 700g

　肩肉（ひと口大）…… 700g

A
　┌ ニンジン（乱切り）…… 200g（約1本）
　│ タマネギ（乱切り）…… 500g（約4個）
　│ 赤ワイン …… 500㎖
　└ 塩 …… 25g

レモングラスの下半分【31】

　（細かいみじん切り）…… 2本

ラード …… 大さじ2

B
　┌ ニンニク（みじん切り）…… 大2片
　│ ショウガ（すりおろし）…… 55g
　│ パプリカ粉 …… 小さじ2
　└ 魚醤 …… 小さじ2

C
　┌ パイナップル（つぶす）…… 180g
　│ ミニトマト …… 200g
　│ 八角 …… 1個
　└ コメ …… 大さじ1

ライム（くし形切り）…… 1個

ミント …… 適量

塩 …… 適量

黒コショウ（粗挽き）…… 適量

つくり方

❶ 牛肉を A とともに厚手のビニール袋に入れ、空気を抜いて袋の口を閉じ、冷蔵庫に 8 〜 12 時間置く。

❷ ①の牛肉以外の材料をビニール袋から出して鍋に入れ、加熱する。沸騰したら弱火にし、蓋をして 2 時間煮込む。

❸ ②を材料をつぶしながら目の粗い金ザルで漉し、スープとする（700㎖になるように必要に応じて水［分量外］を加える）。

❹ フライパンにラードを入れて弱めの中火にかけ、レモングラスの下半分を 5 分間炒める。

❺ ④に①の牛肉、B を加え、弱めの中火で 15 分間炒める。焦げるようなら③を少量足す。

❻ 大きめの鍋に③、⑤、C を入れ、蓋をせずに弱めの中火で 2 時間煮込む（C のミニトマトが煮崩れるまで）。そのまま冷まし、具材に味を染み込ませる。

❼ 耐熱容器に⑥を入れ、180℃のオーブンで 30 分間加熱する。

❽ ライム、ミント、塩、黒コショウなどとともに提供する。

45

ナマズとクルーンの蒸しもの

材料 4人分

本調理の材料

　ナマズ（約400g）…… 3尾

　キンジソウの葉（ざく切り）…… 30g

　ココナツミルク …… 大さじ2

　赤唐辛子（生／斜め薄切り）…… 1本

　バナナの葉（25cm四方）…… 4枚

赤いクルーン …… 200g

　肉厚唐辛子（乾燥）【14】…… 7本

　ウコン（生）【03】…… 5g

　ガランガル【04】（みじん切り）…… 7g

　ライムの皮（みじん切り）…… 1個分

　レモングラスの下半分【31】（みじん切り）

　　…… 10本分

　ニンニク（みじん切り）…… 大1.5片

焼きエビペースト

　発酵エビペースト【19】…… 大さじ1

　魚醤 …… 大さじ2

　塩 …… 小さじ1

　バナナの葉（15cm四方）…… 1枚

ココナツソース

　ココナツミルク …… 100㎖

　パームシュガー【16】…… 大さじ1

つくり方

赤いクルーン

❶ 肉厚唐辛子（乾燥）のヘタと種をとり除き、ひたひたの水（分量外）に浸けてやわらかくなるまでもどす。水気を軽く絞り、包丁で叩いてペースト状にする。

❷ つき臼にウコン、ガランガルを入れ、よくつぶす。

❸ 残りの材料を加え、ウコンの色が移るまでしっかりつきつぶす。

❹ ①を加え、よく混ぜる。赤みが足りない場合はパプリカ粉（分量外）を少量加えて調整する。

焼きエビペースト

❶ バナナの葉（焼きエビペースト用）の表裏を濡らしたキッチンペーパーで軽く拭き、表裏を直火で軽くあぶってしんなりさせる。

❷ ①で発酵エビペーストを包み、表裏を返しながら弱めの直火で2分間焼く。

❸ ボウルに②、魚醤、塩を入れ、発酵エビペーストをほぐしながら混ぜる（エビの殻があればとり除く）。

ココナツソース

❶ 鍋にココナツミルクを入れ、沸騰させる。自然に冷ます。

❷ パームシュガーを加え、混ぜる。

本調理

❶ ナマズの頭と尾を切り落とし、内臓をとり除く。骨ごと幅2cmにぶつ切りにする。

❷ 大きなボウルに①、赤いクルーン、焼きエビペースト、ココナツソースを入れ、混ぜ合わせる。

❸ バナナの葉（本調理用）の表裏を濡らしたキッチンペーパーで軽く拭き、表裏を直火で軽くあぶってしんなりさせる。

❹ ③2枚をずらして重ね、舟形に折りたたんで一方を楊枝でとめる。この中にキンジソウの葉を敷き、その上に②を入れる。舟形のもう一方も楊枝でとめる。上からココナツミルク、赤唐辛子をかける（これを2個つくるため、材料はすべて分量の半量を使う）。

❺ やや深めの器（陶器製）に④を入れ、湯気が立った蒸し器に入れて強めの中火で40分間蒸す。粗熱をとる。

46

アヒルの腐乳ロースト

材料 6人分

アヒル（中抜き）…… 1羽

ベトナム式チリペースト

　…… 大さじ2（以下はつくりやすい分量）

　レモングラスの下半分【31】（みじん切り）

　　…… 7本

　ニンニク（粗みじん切り）…… 大2片

　干しエビ【27】…… 大さじ3

　赤唐辛子（粉）…… 小さじ1

　赤唐辛子（生／ペースト状につぶす）

　　…… 大さじ3

　パプリカ粉 …… 小さじ2

　塩 …… 小さじ1

　グレープシードオイル …… 150㎖

腐乳ソース

　腐乳 …… 75g

　ショウガ（すりおろし）…… 30g

　ベトナムカレー粉【24】…… 小さじ1

　醤油 …… 大さじ1

　塩 …… 小さじ2

　キビ粗糖【05】…… 大さじ2

タレ

　醤油 ※ …… 大さじ2

　赤唐辛子（生／斜め薄切り）…… 1本

※ 東南アジア産の少し甘めのものが望ましい

つくり方

❶ アヒルを腹から開いて半割りにし、流水でよく洗う。水気を拭きとる。

❷ ベトナム式チリペーストをつくる。フライパンにグレープシードオイルを入れて弱めの中火にかけ、材料を表記の順に加えて15分間炒める。粗熱をとる。

❸ ボウルに②、腐乳ソースの材料を合わせ、よく混ぜる。

❹ ①に③をまんべんなく塗り込み、常温で30分間置く。

❺ ④を180℃のオーブン（予熱しない）で30分間焼く。オーブンの温度を150℃に下げ、焦げないように確認しながらさらに30分間焼く。オーブン内に置いて粗熱をとる。

❻ ⑤を切り分け、タレ（醤油に赤唐辛子を加える）とともに提供する。

〈アンドシノワーズ〉で食事をした後は、料理以外の大切なことをちっとも楽しんでこなかったと、いつも反省ばかりになってしまう。ここの料理が美味しいのは、料理以外の要素に対する深い理解や、溢れんばかりの偏愛と情熱があるからだと薄々はわかっているので、学ぶべきことを学ばないで帰路についた自分の愚かさに嫌気がさすのだ。

どの料理もすべて驚きがあって美しかった。それがどの国のどの地方の、何を使ってどのように調理し、味の要となっている調味料はどのような旅の末に手に入れ、どんな歴史と慣習があって、どのような季節にどんなふうな食べ方をするか、懇切丁寧に解説をしてもらっているのにもかかわらず、ぼくは（いや、きっとぼくだけではなく、一緒に行った友人たち皆が）、テーブルに料理が運ばれてきたその瞬間から、目が料理に釘付けになってしまい、せっかくの解説はほとんど頭に入っていかないのだ。「甲羅や脚から身をとりだすことに全員が夢中になり、会話が途切れてしまいますから、蟹は会食や宴会に向きません」とは、よく言われる幹事さんのための豆知識だけれど、〈アンドシノワーズ〉もちょっとそれに近いところがあるのかもしれない。少なくともぼくらは、あまりに食べることに集中するものだから無口になる。心から満足してハッと我に返り、そろそろ食べたものの感想を言い合ったりしようかというタイミングで、次の料理が運ばれてきてしまい、目が釘付け、説明が耳に入らない、無口で一心不乱に食べるというループがまた繰り返される。

トイレに行く時に、壁に古いポストカードや写真が飾られていることに気づく。ときどき、健さんがポータブルプレイヤーで古いヴェトナム歌謡のシングル盤をかけてくれる。食欲が満たされて、ぼくの心にも人並みの余裕というものが出てきているのだが、糯米をチムチムし過ぎたのか、満腹で瞼は重くなる一方である。それでも旧仏領インドシナの歴史や文化についてもっと話を聞かせてもらいたいし、このなんとも切ない歌謡曲のレコードをたくさんかけて欲しい。一度、音楽が好きな友人を連れていった時は、健さんもだんだん興がのってきて、今夜はロングプレイになりそうだという予感がした矢先に、不運にもレコード針が折れてしまった。しかも、もっと教えて欲しいという気持ちとは裏腹に、去り際のきれいな客で居たいと格好をつけてしまうから、ぼくは心にもない「では、そろそろ」なんて切り出して、早々にお会計を済ませるのだ。そして帰りの地下鉄の中でいつもの反省タイムとなる。

昨晩、家で晩ごはんを食べた後に、トラン・アン・ユン監督の『青いパパイヤの香り』を観た。主人公の女の子ムイが、奉公先の家族のためにつくった料理を盛る皿が、ディテールは違うようにも思うが、〈アンドシノワーズ〉でよく使われる皿に似ていた。その家の主人が爪弾く琵琶のメロディーも、〈アンドシノワーズ〉で聴いたことがあるような気がしてくる。そもそも映画全体を覆うヴェールのような独特の雰囲気は、〈アンドシノワーズ〉で食事をする間にぼくが感じ取るムードを思い起こさせるのだ。次に行く時こそ、そのムードが何処から来るのかを、聞き逃したり見逃したりしないよう、料理の美味しさに心を奪われずに冷静に居られるよう、強い決意で臨みたいと思う。

岡本仁／編集者

旧フランス領インドシナ料理
アンドシノワーズ

初版印刷	2020 年 7 月 15 日
初版発行	2020 年 7 月 30 日
著者 ©	園 健・田中あずさ
発行人	丸山兼一
発行所	株式会社柴田書店
	〒 113-8477
	東京都文京区湯島 3-26-9 イヤサカビル
	http://www.shibatashoten.co.jp
	営業部（注文・問合せ）/ 03-5816-8282
	書籍編集部 / 03-5816-8260

印刷・製本　公和印刷株式会社

文・写真	園 健・田中あずさ
編集	齋藤立夫
	小林淳一（コバヤシライス）
料理撮影	鈴木泰介
デザイン	根本真路
協力	〔 料理 〕
	Tuon Toch
	Kesone Sayasane
	Sack Sackda
	Pralomchith Chith Sisoulath
	Donny Xaysombat
	Kham Siphavanh
	〔 Logo & WEB デザイン 〕
	清水恒平（オフィスナイス）

ISBN 978-4-388-06328-4

Printed in Japan
©2020 by Ken Sono & Azusa Tanaka
Shibata Publishing Co.,Ltd
Iyasaka Building, 3-26-9, Yushima Bunkyo-ku 113-8477 Tokyo
TEL　+ 81(3) 5816 8282
URL　http://www.shibatashoten.co.jp